Birgit Lascho

Lerntheke
DaZ 7/8
Grammatik

Differenzierungsmaterialien
für heterogene Lerngruppen

Cornelsen

Die Autorin des Bandes

Birgit Lascho studierte die Fächer Deutsch, Geschichte und Englisch. Sie verfügt über mehrjährige Unterrichtserfahrung an den Schulformen Gymnasium, Berufsschule und Gesamtschule und ist Autorin mehrerer Unterrichtsmaterialien.

Projektleitung: Dorothee Weylandt/Franziska Wittwer, Berlin
Redaktion: Birte Meyer, Berlin
Umschlagkonzept: X-Design, München
Umschlaggestaltung: LemmeDESIGN, Berlin
Illustration: Steffen Jähde, Sundhagen
Layout: zweiband.media, Berlin
Technische Umsetzung: krauß-verlagsservice, Ederheim/Hürnheim

www.cornelsen.de

1. Auflage, 3. Druck 2024

Druck: Athesiadruck GmbH

ISBN 978-3-589-15384-8

Inhalt

Sie können die Lösungsseiten auf dem Kopierer auf 141 % vergrößern.

Aus Gründen der besseren Lesbarkeit wird in diesem Buch durchgehend die männliche grammatische Form verwendet. Natürlich sind damit immer auch Frauen und Mädchen gemeint, also Lehrerinnen, Schülerinnen usw.

Vorwort – Hinweise für die Lerntheken-Arbeit

Bei der Lerntheke handelt es sich – ähnlich dem Lernen an Stationen – um eine offene Unterrichtsform. Im Unterschied zum Stationenlernen oder Lernzirkel werden die Materialien jedoch auf einer „Theke" ausgelegt und bauen nicht aufeinander auf. Die Schüler wählen aus den zur Verfügung stehenden Materialien selbst diejenigen aus, die sie bearbeiten möchten, und bestimmen selbst die Reihenfolge der Bearbeitung. Daher kann mit einer Lerntheke ein hoher Grad an Differenzierung in einer Lerngruppe erreicht werden.

Grundsätzlich kann eine Lerntheke in allen Phasen einer Unterrichtssequenz zum Einsatz kommen, die vorliegenden Materialien eignen sich jedoch vor allem **zum Üben und Wiederholen**, meist weniger für die Neudurchnahme. Es werden Aufgaben mit **verschiedenen Schwierigkeitsgraden** angeboten, die der Festigung des Stoffes dienen und dabei das unterschiedliche Lerntempo sowie die individuelle Leistungsfähigkeit der Schüler berücksichtigen. Gerade in **heterogenen Lerngruppen** ist die Arbeit mit einer Lerntheke daher besonders lohnenswert. Zudem können durch die Arbeit in **unterschiedlichen Sozialformen** stärkere Schüler die weniger leistungsfähigen unterstützen und ihnen dabei helfen, ein größeres Pensum zu schaffen als in Einzelarbeit. Wie beim „Lernen durch Lehren" profitieren alle Schüler von diesem System der gegenseitigen Unterstützung.

Während der Arbeit an einer Lerntheke füllt jeder Schüler einen **Selbsteinschätzungsbogen** aus, der Aufschluss darüber gibt,

- welches **Pensum** innerhalb der vorgegebenen Zeit erledigt wurde.
- wie der betreffende Schüler seine **Leistung selbst einschätzt**.

Als Lehrkraft können Sie aus den Eintragungen in den Selbsteinschätzungsbögen erkennen, welche Themen kaum Probleme bereiten und bei welchen Inhalten viele Schüler Schwierigkeiten hatten. Diese können Sie dann nach Durchführung der Lerntheke im Klassenverband nochmals aufgreifen.

Die **Kopiervorlage für den Selbsteinschätzungsbogen** finden Sie im Anschluss an dieses Vorwort. Er kann für jede der vier Lerntheken eingesetzt werden. Damit die Schüler genug Platz für ihre Eintragungen haben, sollte der Bogen doppelseitig auf ein Blatt kopiert werden.

Zusätzlich ist jeder Lerntheke eine **Stationsübersicht** vorangestellt, auf der die einzelnen Aufgaben aufgelistet sind. Diese Übersicht können Sie den Schülern vor der Durchführung der Lerntheke aushändigen und mit ihnen besprechen, damit sie wissen, welche Trainingsaspekte an den einzelnen Stationen angeboten werden. Außerdem erhalten die Schüler den Auftrag, die einzelnen Stationen nach der Bearbeitung auf dieser Übersicht abzuhaken, damit sie nicht den Überblick verlieren, welche Stationen sie schon bearbeitet haben und welche sie noch bearbeiten müssen oder können. Die Übersicht ist also auch als Laufzettel geeignet.

Vorbereitungen für die Lerntheke

Vor Beginn der Arbeit sollten Sie die Klasse ausführlich darüber informieren, wie die Lerntheke funktioniert. Dafür müssen Sie an manchen Stellen vorab entscheiden, wie Sie die Arbeit organisieren wollen.

- **Bedeutung der Symbole:**
  Die Schüler erfahren, welche Sozialformen es gibt (je nach Symbol auf dem Arbeitsblatt Einzel-, Partner- oder Gruppenarbeit) und wie sich die Schwierigkeitsgrade voneinander unterscheiden: ein Stern für leicht zu lösende Aufgaben mit einem hohen Grad an Reproduktion; zwei Sterne für Aufgaben, die mehr Eigenleistung erfordern; drei Sterne für anspruchsvolle Aufgaben mit einem hohen Anteil an Eigenleistung.

  Folgende Symbole sind auf den Arbeitsmaterialien zu finden:

  ★ Schwierigkeitsgrad 1

  ★★ Schwierigkeitsgrad 2

  ★★★ Schwierigkeitsgrad 3

  Einzelarbeit

  Partnerarbeit

  Gruppenarbeit

- **Bildung der Gruppen:**
  Sie müssen klären, ob es feste Gruppen und Paare für die Gruppen- bzw. Partnerarbeit gibt oder ob sich die Schüler immer wieder neu in Arbeitsgruppen zusammenfinden, je nachdem, wie es der Verlauf der Bearbeitung erlaubt.

- **Bearbeitungszeit:**
  Legen Sie fest, wie viel Zeit für eine Lerntheke zur Verfügung stehen soll. Drei oder mehr Unterrichtsstunden erscheinen sinnvoll.

- **Selbstkontrolle und Selbsteinschätzung:**
  Weisen Sie die Schüler darauf hin, wo sie die Lösungen zu den einzelnen Aufgaben finden und wie sie vorgehen sollen, wenn es Probleme bei der Korrektur ihrer Resultate gibt. Entscheiden Sie, ob sie nur Sie oder auch Mitschüler um Hilfe bitten können (siehe auch „Helfersystem").

  Wenn es um das Ausfüllen des Selbsteinschätzungsbogens geht, sollten Sie der Klasse verdeutlichen, dass Sie daraus wichtige Schlüsse über den Kenntnisstand der Schüler und den weiteren Verlauf der Unterrichtsarbeit ziehen können: Was läuft gut, was weniger gut? Wo sind noch „Nachbesserungen" notwendig? Wahrheitsgemäße Eintragungen sind daher für alle Beteiligten hilfreich.

- **Sitzordnung:**
Es empfiehlt sich, im Klassenzimmer eine Sitzordnung herzustellen, die sowohl Einzelarbeitsplätze als auch Gruppentische anbietet, damit die Schüler je nach verlangter Sozialform den geeigneten Arbeitsplatz finden. Daneben müssen die Arbeitsmaterialien an einer zentral gelegenen „Theke" ausgelegt werden. Dort finden die Schüler je nach Bedarf auch zusätzliches Material, wie z. B. Wörterbücher.

- **Pflichtstationen:**
Innerhalb einer Lerntheke können Pflichtstationen definiert werden, die alle Schüler bearbeiten müssen. Diese Pflichtstationen werden gekennzeichnet, indem sie z. B. auf farbiges Papier kopiert werden. Erst nach der Erledigung der Pflichtstationen können die Schüler aus den übrigen Materialien weitere auswählen, die sie zusätzlich bearbeiten wollen. Dieses Vorgehen empfiehlt sich, wenn einzelne Inhalte einer Lerntheke neuen Stoff darstellen und nicht der Wiederholung oder Übung dienen oder um den Schülern eine **Binnendifferenzierung** anzubieten. So können Sie als Lehrkraft Lernstationen mit leichterem und mittlerem Anspruchsniveau als Pflichtstationen ausweisen und Lernstationen mit höherem Schwierigkeitsgrad als zusätzliche **Wahlstationen** für leistungsstärkere Schüler definieren.

Was den Schwierigkeitsgrad und den didaktischen **Aufbau der einzelnen Lerntheken** betrifft, so ist in diesem Zusammenhang darauf hinzuweisen, dass die Lerntheken 1 bis 3, d. h. zum Deklinieren, zum Gebrauch der Pronomen und zur Verwendung der unregelmäßigen Verbformen, vom Anspruchsniveau her niedriger sind als die Lerntheke 4 zur Verwendung des Konjunktivs in der indirekten Rede. Denn für die korrekte Bildung der Konjunktiv II-Formen müssen die Schüler die unregelmäßigen Präteritumsformen beherrschen. Daher empfiehlt es sich, bei einer leistungsschwächeren Lerngruppe zunächst Lerntheke 3 zu den unregelmäßigen Verbformen durchzuführen oder zumindest die Station 2 zu den unregelmäßigen Präteritumsformen bearbeiten zu lassen, bevor die Schüler Lerntheke 4 zum Konjunktiv in der indirekten Rede bearbeiten. Alternativ besteht die Möglichkeit, Station 2 zu den unregelmäßigen Präteritumsformen aus Lerntheke 3 in Lerntheke 4 als zusätzliche Station vor die Stationen zur Bildung der Konjunktiv II-Formen zu integrieren.

Das Anspruchsniveau der letzten Station von Lerntheke 3, „Unregelmäßige Präteritumsformen, die man nicht verwechseln sollte", ist etwas höher als in den übrigen Stationen der Lerntheke. Die Aufgaben sind besonders für leistungsstärkere Schüler als Herausforderung gedacht, während sie von leistungsschwächeren Schülern weggelassen werden können.

Zu Lerntheke 4, „Konjunktiv in der indirekten Rede", ist darüber hinaus anzumerken, dass der Schwerpunkt hier besonders auf der korrekten Bildung der einzelnen Konjunktivformen liegt und weniger auf dem Gebrauch der einzelnen Formen. Die komplizierte Ersatzformenregelung, wann welche Form als Ersatz verwendet wird, sollte vor der Durchführung der Lerntheke bereits ausführlich mit den Schülern thematisiert worden sein, da hier nur kurz erörtert wird, wann welche Form einzusetzen ist.

Der Einfachheit halber werden generell nur die Bildung und Verwendung der Konjunktiv-Formen in der indirekten Rede in der dritten Person Singular und Plural thematisiert, weil die Schüler in der indirekten Rede fast nur diese Formen benötigen. Die anderen Personalformen kommen bei der Inhaltsangabe, für die die Schüler die indirekte Rede in Klasse 7 und 8 vor allem benötigen, eher selten vor.

- **Helfersystem:**
Nutzen Sie während der Lerntheke-Stunden das Helfersystem (Vorlage siehe Seite 7), damit sich die Schüler gegenseitig unterstützen können und Sie als Lehrkraft entlastet sind. Wenn ein Schüler eine Aufgabe beendet hat, ihm die Bearbeitung leichtgefallen ist und er bei der (Selbst-)Kontrolle feststellt, dass er keine oder sehr wenige Fehler gemacht hat, kann er sich in der Helferliste unter der jeweiligen Aufgabe eintragen. Die Mitschüler erkennen dann ganz schnell, an wen sie sich bei Fragen wenden können.

- **Abschlusstests:**
Mithilfe des Abschlusstests am Ende jeder Lerntheke können die Schüler selbst überprüfen, ob sie die an den Stationen trainierten Aspekte nun beherrschen oder ob noch Übungsbedarf besteht. Natürlich können die Materialien auch ohne den Lernabschlusstest bearbeitet werden.

Name: ______________________

Selbsteinschätzungsbogen für die Lerntheke ______________________

Nr.	Thema	Schwierigkeitsstufe	Datum	Was fiel mir leicht?	Was fiel mir schwer? Wobei habe ich Hilfe gebraucht? Gibt es noch Probleme? Was sollte ich wiederholen oder üben?

Helfersystem: Ich helfe dir weiter!

Lerntheke ______________________

	Aufgabe 1	Aufgabe 2	Aufgabe 3	Aufgabe 4	Aufgabe 5
Station 1					
Station 2					
Station 3					
Station 4					
Station 5					
Station 6					
Station 7					
Station 8					

Lerntheke 1

Deklinieren

Der folgenden Übersicht kannst du entnehmen, welche Übungsaspekte dir bei dieser Lerntheke an welcher Station angeboten werden. Hake die einzelnen Stationen ab, nachdem du sie erledigt hast. So behältst du den Überblick, welche Stationen du schon bearbeitet hast und welche noch nicht.

Tipp: Erledige zuerst die Stationen 1 bis 3 und anschließend die Stationen 4 bis 7. So wird dir die Bearbeitung leichter fallen. Führe zuletzt den Abschlusstest durch und überprüfe damit selbst, ob du das zuvor Gelernte nun beherrschst.

Übersicht

Station	Thema	Erledigt?
1	Nomen mit bestimmtem Artikel	
2	Nomen mit unbestimmtem Artikel	
3	Nomen mit „dieser, diese, dieses“	
4	Nomen mit bestimmtem Artikel und Adjektiv	
5	Nomen mit unbestimmtem Artikel und Adjektiv	
6	Nomen mit „dieser, diese, dieses“ und Adjektiv	
7	Nomen mit Adjektiv	
8	Abschlusstest	

Name: Datum:

1 Nomen mit bestimmtem Artikel

★ | 👤 👥

1. Ergänze die verschiedenen Formen des Artikels „der, die, das“. Dabei kannst du die Angaben aus dem Kasten zu Hilfe nehmen.

der: Nominativ Singular männlich, Genitiv Singular weiblich, Dativ Singular weiblich, Genitiv Plural alle drei Geschlechter
die: Nominativ Singular weiblich, Akkusativ Singular weiblich, Nominativ Plural alle drei Geschlechter, Akkusativ Plural alle drei Geschlechter
das: Nominativ Singular sächlich, Akkusativ Singular sächlich
des: Genitiv Singular männlich, Genitiv Singular sächlich
dem: Dativ Singular männlich, Dativ Singular sächlich
den: Akkusativ Singular männlich, Dativ Plural alle drei Geschlechter

Singular (Einzahl)

Fall/Geschlecht	männlich	weiblich	sächlich
Nominativ: Wer oder was?	______ Mann	______ Frau	______ Kind
Genitiv: Wessen?	______ Mannes	______ Frau	______ Kindes
Dativ: Wem?	______ Mann	______ Frau	______ Kind
Akkusativ: Wen oder was?	______ Mann	______ Frau	______ Kind

Plural (Mehrzahl)

Fall/Geschlecht	männlich	weiblich	sächlich
Nominativ: Wer oder was?	______ Männer	______ Frauen	______ Kinder
Genitiv: Wessen?	______ Männer	______ Frauen	______ Kinder
Dativ: Wem?	______ Männern	______ Frauen	______ Kindern
Akkusativ: Wen oder was?	______ Männer	______ Frauen	______ Kinder

★★ | 👥

2. Sieh dir die einzelnen Formen des bestimmten Artikels „der, die, das“ im Plural im unteren Kasten an. Was fällt dir beim Vergleich der Formen auf? Ergänze das passende Wort in der Lücke: unterschiedlich/gleich

Die Formen im Plural sind bei allen drei Geschlechtern ______________________.

Name: Datum:

★★ | 👤 👥 👥👤

3. Ergänze den bestimmten Artikel „der, die, das“ in der richtigen Form.

Singular (Einzahl)

Fall/Geschlecht	männlich	weiblich	sächlich
Nominativ: Wer oder was?	______ Hund	______ Katze	______ Tier
Genitiv: Wessen?	______ Hundes	______ Katze	______ Tieres
Dativ: Wem?	______ Hund	______ Katze	______ Tier
Akkusativ: Wen oder was?	______ Hund	______ Katze	______ Tier

Plural (Mehrzahl)

Fall/Geschlecht	männlich	weiblich	sächlich
Nominativ: Wer oder was?	______ Hunde	______ Katzen	______ Tiere
Genitiv: Wessen?	______ Hunde	______ Katzen	______ Tiere
Dativ: Wem?	______ Hunden	______ Katzen	______ Tieren
Akkusativ: Wen oder was?	______ Hunde	______ Katzen	______ Tiere

★★★ | 👤 👥 👥👤

4. Ergänze Nomen und Artikel in der grammatisch passenden Form.

a) Die Tür ______________________ (das Haus) war offen.

b) Sie schenkt ______________________ (der Schüler) einen Kinogutschein.

c) Ich habe ______________________ (die Tasche) in der Schule vergessen.

d) Heute habe ich ______________________ (der Hausmeister) noch nicht gesehen.

e) Die Haare ______________________ (die Dame) waren braun.

f) Sie bringen ______________________ (der Müll) weg.

g) Der Akku ______________________ (das Handy) ist kaputt.

h) Er gibt ______________________ (die Verkäuferin) das Geld.

i) Die Jugendlichen halfen ______________________ (das Kind).

j) Leider hat ______________________ (der Bus) 20 Minuten Verspätung.

Name: Datum:

2 Nomen mit unbestimmtem Artikel

★ | 👤 👥

1. Ergänze die verschiedenen Formen des Artikels „ein, eine, ein“. Dabei kannst du die Angaben aus dem Kasten zu Hilfe nehmen.

ein:	Nominativ Singular männlich, Nominativ Singular sächlich, Akkusativ Singular sächlich
eine:	Nominativ Singular weiblich, Akkusativ Singular weiblich
eines:	Genitiv Singular männlich, Genitiv Singular sächlich
einer:	Genitiv Singular weiblich, Dativ Singular weiblich
einem:	Dativ Singular männlich, Dativ Singular sächlich
einen:	Akkusativ Singular männlich

Singular (Einzahl)

Fall/Geschlecht	**männlich**	**weiblich**	**sächlich**
Nominativ: **Wer oder was?**	________ Mann	________ Frau	________ Kind
Genitiv: **Wessen?**	________ Mannes	________ Frau	________ Kindes
Dativ: **Wem?**	________ Mann	________ Frau	________ Kind
Akkusativ: **Wen oder was?**	________ Mann	________ Frau	________ Kind

★★ | 👤 👥 👥👤

2. Ergänze den unbestimmten Artikel „ein, eine, ein“ in der richtigen Form.

Singular (Einzahl)

Fall/Geschlecht	**männlich**	**weiblich**	**sächlich**
Nominativ: **Wer oder was?**	________ Hund	________ Katze	________ Tier
Genitiv: **Wessen?**	________ Hundes	________ Katze	________ Tieres
Dativ: **Wem?**	________ Hund	________ Katze	________ Tier
Akkusativ: **Wen oder was?**	________ Hund	________ Katze	________ Tier

★★ | 👤 👥

3. Ergänze den unbestimmten Artikel „ein, eine, ein“ in der richtigen Form mithilfe der Angaben in der Klammer.

a) Gestern habe ich ________ Regenbogen gesehen. (männlich/Wen oder was?)

b) Er hat das Buch ________ Mitschülerin geliehen. (weiblich/Wem?)

Name: Datum:

★★★ |

4. Ergänze den unbestimmten Artikel „ein, eine, ein" in der grammatisch passenden Form.

a) Im Flur stand leider ___________ Lehrer.

b) Er kauft sich ___________ Computerspiel.

c) Die Augen ___________ Säuglings sind immer blau.

d) Sie gibt das Geld ___________ Verkäuferin.

e) Auf jeder Etage gibt es ___________ Toilette.

f) Die Lebensdauer ___________ Akkus ist bekanntlich begrenzt.

g) Ich habe mir schon ___________ Kinokarte besorgt.

h) Die Gläser ___________ Brille müssen täglich gereinigt werden.

i) Das Buch habe ich ___________ Jungen aus der Nachbarschaft geliehen.

j) Das Klingeln ___________ Handys ist zu hören.

k) In der Stadt ist uns ___________ Mitschülerin begegnet.

l) Den Aufkleber habe ich ___________ Kind geschenkt.

m) Mit ___________ Hund muss man öfter am Tag spazieren gehen.

n) Achtung, eben habe ich ___________ Kontrolleur gesehen!

★★★ |

5. Ordne zu, welches Nomen inhaltlich in welchen Satz passt. Ersetze das Fragezeichen vor den Nomen durch den unbestimmten Artikel „ein, eine, ein" in der grammatisch passenden Form.

? Menschen ♦ ? Witz ♦ ? Kind ♦ ? Katze ♦ ? Apotheke ♦ ? Autos ♦ ? Rucksack ♦ ? CD

a) Das Medikament habe ich mir in ___________ ___________ gekauft.

b) Das Schnurren ___________ ___________ hört der Mensch gerne.

c) Hast du dir ___________ ___________ aus meiner CD-Sammlung ausgesucht?

d) Der Tank ___________ ___________ ist irgendwann leer.

e) Sie hat sich ___________ ___________ zum Wandern gekauft.

f) Mit ___________ ___________ brachte er alle zum Lachen.

g) Das Leben ___________ ___________ ist bekanntlich zeitlich begrenzt.

h) Mein altes Fahrrad will ich ___________ ___________ aus der Nachbarschaft schenken.

Name: Datum:

3 Nomen mit „dieser, diese, dieses“

★ | 👤 👥

1. Ergänze die verschiedenen Formen des Demonstrativpronomens „dieser, diese, dieses“. Dabei kannst du die Angaben aus dem Kasten zu Hilfe nehmen.

dieser: Nominativ Singular männlich, Genitiv Singular weiblich, Dativ Singular weiblich, Genitiv Plural alle drei Geschlechter
diese: Nominativ Singular weiblich, Akkusativ Singular weiblich, Nominativ Plural alle drei Geschlechter, Akkusativ Plural alle drei Geschlechter
dieses: Nominativ Singular sächlich, Genitiv Singular männlich, Genitiv Singular sächlich, Akkusativ Singular sächlich
diesem: Dativ Singular männlich, Dativ Singular sächlich
diesen: Akkusativ Singular männlich, Dativ Plural alle drei Geschlechter

Singular (Einzahl)

Fall/Geschlecht	männlich	weiblich	sächlich
Nominativ: Wer oder was?	________ Mann	________ Frau	________ Kind
Genitiv: Wessen?	________ Mannes	________ Frau	________ Kindes
Dativ: Wem?	________ Mann	________ Frau	________ Kind
Akkusativ: Wen oder was?	________ Mann	________ Frau	________ Kind

Plural (Mehrzahl)

Fall/Geschlecht	männlich	weiblich	sächlich
Nominativ: Wer oder was?	________ Männer	________ Frauen	________ Kinder
Genitiv: Wessen?	________ Männer	________ Frauen	________ Kinder
Dativ: Wem?	________ Männern	________ Frauen	________ Kindern
Akkusativ: Wen oder was?	________ Männer	________ Frauen	________ Kinder

★★ | 👤 👥

2. Sieh dir die einzelnen Formen des Demonstrativpronomens „dieser, diese, dieses“ im Plural im unteren Kasten an. Was fällt dir beim Vergleich der Formen auf? Ergänze das passende Wort in der Lücke: unterschiedlich/gleich

Die Formen im Plural sind bei allen drei Geschlechtern ____________________.

Name: Datum:

★★ | 👤 👥 👥👤

3. Ergänze das Demonstrativpronomen „dieser, diese, dieses“ in der richtigen Form.

Singular (Einzahl)

Fall/Geschlecht	männlich	weiblich	sächlich
Nominativ: **Wer oder was?**	______ Hund	______ Katze	______ Tier
Genitiv: **Wessen?**	______ Hundes	______ Katze	______ Tieres
Dativ: **Wem?**	______ Hund	______ Katze	______ Tier
Akkusativ: **Wen oder was?**	______ Hund	______ Katze	______ Tier

Plural (Mehrzahl)

Fall/Geschlecht	männlich	weiblich	sächlich
Nominativ: **Wer oder was?**	______ Hunde	______ Katzen	______ Tiere
Genitiv: **Wessen?**	______ Hunde	______ Katzen	______ Tiere
Dativ: **Wem?**	______ Hunden	______ Katzen	______ Tieren
Akkusativ: **Wen oder was?**	______ Hunde	______ Katzen	______ Tiere

★★★ | 👤 👥 👥👤

4. Ergänze das Demonstrativpronomen „dieser, diese, dieses“ in der grammatisch passenden Form.

a) Ich habe ______ Mann noch nie gesehen.

b) Das Ladekabel ______ Handys ist verschwunden.

c) Da, ______ Computer ist noch nicht heruntergefahren!

d) Die Verpackung ______ Schere kann in den Müll.

e) Wir haben das Formular ______ Frau gegeben.

f) Nein, ______ Spiel habe ich noch nicht auf meinem Smartphone.

g) Also, ______ Baum habe ich schon gegossen.

h) Nein, ______ Kinder habe ich noch nie hier getroffen.

i) Der Zustand ______ Bücher ist katastrophal.

j) Ich glaube, ______ Ecke haben wir noch nicht gefegt.

k) Wir sollen ______ Stühle hinaustragen.

Name: Datum:

4 Nomen mit bestimmtem Artikel und Adjektiv

★ | 👤 👥 👥👤

1. Ordne die Wortgruppen aus dem Kasten grammatisch korrekt den Sätzen zu. Markiere anschließend die Adjektivendungen.

den netten Mann ♦ der nette Mann ♦ des netten Mannes ♦ dem netten Mann

Fall/Geschlecht	Singular (Einzahl) männlich
Nominativ: **Wer oder was?**	Sieh mal, ______ kommt!
Genitiv: **Wessen?**	Die Haare ______ sind braun.
Dativ: **Wem?**	Sie gibt ______ die Hand.
Akkusativ: **Wen oder was?**	Sie begrüßt ______.

der netten Frau ♦ die nette Frau ♦ der netten Frau ♦ die nette Frau

Fall/Geschlecht	Singular (Einzahl) weiblich
Nominativ: **Wer oder was?**	Sieh mal, ______ kommt!
Genitiv: **Wessen?**	Die Haare ______ sind braun.
Dativ: **Wem?**	Er gibt ______ die Hand.
Akkusativ: **Wen oder was?**	Er begrüßt ______.

des netten Kindes ♦ dem netten Kind ♦ das nette Kind ♦ das nette Kind

Fall/Geschlecht	Singular (Einzahl) sächlich
Nominativ: **Wer oder was?**	Sieh mal, ______ kommt!
Genitiv: **Wessen?**	Die Haare ______ sind braun.
Dativ: **Wem?**	Er gibt ______ Bonbons.
Akkusativ: **Wen oder was?**	Sie begrüßt ______.

Name: ______ Datum: ______

der netten Kinder ♦ die netten Kinder ♦ den netten Kindern ♦ die netten Kinder

Fall/Geschlecht	Plural (Mehrzahl) sächlich
Nominativ: Wer oder was?	Sieh mal, ______ kommen!
Genitiv: Wessen?	Die Haare ______ sind braun.
Dativ: Wem?	Sie gibt ______ Bonbons.
Akkusativ: Wen oder was?	Er begrüßt ______.

★ |

2. Im Plural haben alle drei Geschlechter dieselben Endungen. Was fällt dir bei allen Adjektivendungen des Plurals in den verschiedenen Fällen auf? Ergänze den Satz entsprechend.

Im Plural haben Adjektive immer die Endung ______.

★★ |

3. Ersetze bei den Sätzen aus Aufgabe 1 das Adjektiv „nett" durch das Adjektiv „freundlich" und schreibe die Sätze damit auf. Achte dabei auf die korrekten Endungen.

★★★ |

4. Ergänze bei den Sätzen die in Klammern stehende Wortgruppe. Setze anstelle des * die grammatisch korrekte Endung ein.

a) Er streichelte ______ (das verängstigt* Tier).

b) Ich suche ______ (die klein* Kiste).

c) Überall hörte man ______ (die laut* Schüler).

d) Sieh mal, ______ (die klein* Dame) trägt Absatzschuhe!

★★★ |

5. Ergänze die Wortgruppen in der grammatisch passenden Form. Achte dabei auf die Adjektivendungen.

a) Sie brachten ______ (die alte Frau) Kuchen.

b) Er putzte ______ (der verschmutzte Boden).

c) Die Scheibe ______ (das große Fenster) ist dreckig.

d) Die Augen ______ (der glückliche Gewinner) strahlten.

e) Sie halfen ______ (das arme Kind).

f) Ich glaube, ______ (der witzige Mann) kenne ich.

g) Sie gab ______ (die durstige Pflanze) Wasser.

Name: Datum:

5 Nomen mit unbestimmtem Artikel und Adjektiv

1. Ordne die Wortgruppen aus dem Kasten grammatisch korrekt den Sätzen zu. Markiere anschließend die Adjektivendungen.

eines großen Kindes ♦ einer großen Frau ♦ einen großen Mann ♦ einem großen Kind ♦ eine große Frau ♦ ein großer Mann ♦ ein großes Kind ♦ einer großen Frau ♦ eines großen Mannes ♦ ein großes Kind ♦ eine große Frau ♦ einem großen Mann

Fall/Geschlecht	Singular (Einzahl) männlich
Nominativ: Wer oder was?	Da kommt ______.
Genitiv: Wessen?	Die Beine ______ sind oft lang.
Dativ: Wem?	Er gibt ______ die Hand.
Akkusativ: Wen oder was?	Sie stellt sich hinter ______.

Fall/Geschlecht	Singular (Einzahl) weiblich
Nominativ: Wer oder was?	Da kommt ______.
Genitiv: Wessen?	Die Beine ______ sind oft lang.
Dativ: Wem?	Er gibt ______ die Hand.
Akkusativ: Wen oder was?	Sie stellt sich hinter ______.

Fall/Geschlecht	Singular (Einzahl) sächlich
Nominativ: Wer oder was?	Da kommt ______.
Genitiv: Wessen?	Die Beine ______ sind oft lang.
Dativ: Wem?	Er gibt ______ die Hand.
Akkusativ: Wen oder was?	Sie stellt sich hinter ______.

Name: ____ Datum: ____________________

★★ | 👤 👥 👥👤

2. Ersetze bei den Sätzen aus Aufgabe 1 „groß“ durch „riesig“ und schreibe die Sätze damit auf.

★★ | 👤 👥 👥👤

3. Ergänze bei den Sätzen die in Klammern stehende Wortgruppe. Setze anstelle des * die grammatisch korrekte Endung ein.

a) Sie trägt ____________________ (eine grün* Sonnenbrille).

b) Das Ticken ____________________ (eines laut* Weckers) kann störend sein.

c) Ben hat sich ____________________ (ein neu* Fahrrad) gekauft.

d) Er hat sich auf ____________________ (einen hoh* Stein) gesetzt.

e) Sie hat ____________________ (einen wertvoll* Ring) bekommen.

f) Er hat noch ____________________ (eine weit* Reise) vor sich.

g) Sie sucht sich ____________________ (ein blau* T-Shirt) aus.

h) Er packt es in ____________________ (einen klein* Karton) hinein.

i) Sie hat sich ____________________ (eine schön* Kette) ausgesucht.

j) Er gibt es ____________________ (einem arm* Mann).

k) Die Haare ____________________ (eines alt* Herrn) sind oft grau.

l) Wir haben ____________________ (eine wichtig* Nachricht) für Sie.

★★★ | 👤 👥 👥👤

4. Ergänze die in Klammern stehende Wortgruppe in der grammatisch passenden Form.

a) Die Qualität ____________________ (ein teures Produkt) ist oft besser.

b) Dort habe ich ____________________ (ein netter Herr) getroffen.

c) Ich habe es ____________________ (eine freundliche Frau) geschenkt.

d) Sie hat noch schnell ____________________ (ein alter Mann) geholfen.

e) Die Lehrerin hatte ____________________ (ein blauer Pullover) an.

f) Das Buch habe ich ____________________ (ein kleines Kind) gegeben.

g) Den Blicken ____________________ (ein hungriges Tier) kann man schwer widerstehen.

h) Das ist von ____________________ (ein hilfsbereiter Mitschüler).

i) Das Geschrei ____________________ (ein wütendes Kind) kann sehr laut sein.

j) Dieses Buch ist von ____________________ (eine bekannte Autorin).

k) Der Benzinverbrauch ____________________ (ein kleines Auto) ist geringer.

l) Der Duft ____________________ (eine rote Rose) ist oft bezaubernd.

Name: Datum:

6 Nomen mit „dieser, diese, dieses“ und Adjektiv

Merke!
Nach dem Demonstrativpronomen „dieser, diese, dieses“ wird das Adjektiv genauso dekliniert wie der bestimmte Artikel „der, die, das“. Das bedeutet, bei allen Nominativformen im Singular und beim weiblichen und sächlichen Akkusativ Singular wird „-e“ angehängt, ansonsten überall „-en“.

★ |

1. Ordne die Wortgruppen entsprechend zu. Markiere die Adjektivendungen.

diesen netten Kindern ♦ dieser netten Frau ♦ dieses netten Mannes ♦ dieses nette Kind ♦ diesen netten Mann ♦ diese netten Kinder ♦ diese nette Frau ♦ diesem netten Kind ♦ dieser nette Mann ♦ diese netten Kinder ♦ diesem netten Mann ♦ dieses netten Kindes ♦ diese nette Frau ♦ dieser netten Kinder ♦ dieses nette Kind ♦ dieser netten Frau

Fall/Geschlecht	Singular (Einzahl) männlich
Nominativ: Wer oder was?	Sieh mal, ______ kommt!
Genitiv: Wessen?	Die Haare ______ sind braun.
Dativ: Wem?	Sie kauft ______ ein Eis.
Akkusativ: Wen oder was?	Sie mag ______.

Fall/Geschlecht	Singular (Einzahl) weiblich
Nominativ: Wer oder was?	Sieh mal, ______ kommt!
Genitiv: Wessen?	Die Haare ______ sind braun.
Dativ: Wem?	Er kauft ______ ein Eis.
Akkusativ: Wen oder was?	Er mag ______.

Fall/Geschlecht	Singular (Einzahl) sächlich
Nominativ: Wer oder was?	Sieh mal, ______ kommt!
Genitiv: Wessen?	Die Haare ______ sind braun.
Dativ: Wem?	Er kauft ______ ein Eis.
Akkusativ: Wen oder was?	Er mag ______.

Name: Datum:

Fall/Geschlecht	Plural (Mehrzahl) sächlich
Nominativ: Wer oder was?	Sieh mal, ______ kommen!
Genitiv: Wessen?	Die Haare ______ sind braun.
Dativ: Wem?	Sie kauft ______ ein Eis.
Akkusativ: Wen oder was?	Sie mag ______.

★★

2. Ersetze bei den Sätzen aus Aufgabe 1 das Adjektiv „nett" durch das Adjektiv „freundlich" in der passenden Form. Schreibe die Sätze damit auf.

★★

3. Ergänze bei den Sätzen die in Klammern stehende Wortgruppe. Setze anstelle des * die grammatisch korrekte Endung ein.

a) Lass uns ______ (diese kaputt* Uhr) reparieren.

b) Die Eltern ______ (dieses klein* Kindes) wohnen hier.

c) Wir sollten ______ (diese neu* Packung) Chips öffnen.

d) Die Lehne ______ (dieses alt* Stuhles) wackelt.

e) Du kannst bei ______ (diesen hilfsbereit* Menschen) fragen.

f) Sieh mal, ______ (dieser schön* Pullover) war nicht teuer!

g) Die Fahrgäste ______ (dieses verspätet* Zuges) waren verärgert.

h) Bald können wir ______ (diese lecker* Äpfel) essen.

i) Die Blüten ______ (dieser bunt* Rosen) duften.

j) Ich hoffe, ______ (dieser versprochen* Brief) kommt bald.

★★★

4. Ergänze die in Klammern stehende Wortgruppe in der grammatisch passenden Form.

a) Der Reißverschluss ______ (dieser blaue Rucksack) ist kaputt.

b) Du kannst es ______ (diese alte Frau) nebenan schenken.

c) Die Klingel ______ (dieses grüne Telefon) ist laut.

d) Nein, ______ (dieser hässliche Mantel) will ich nicht!

e) Wir geben ______ (diese trockene Pflanze) Wasser.

f) Lass uns ______ (dieses hungrige Tier) Futter geben.

g) Wir sollten ______ (dieser arme Mann) helfen.

h) In ______ (dieses teure Geschäft) war ich noch nie.

Name: Datum:

7 Nomen mit Adjektiv

★|

1. Ergänze die verschiedenen Formen des Adjektivs „blau". Markiere anschließend die Adjektivendungen. Dabei kannst du die Angaben aus dem Kasten zu Hilfe nehmen.

blauer: Nominativ Singular männlich, Genitiv Singular weiblich, Dativ Singular weiblich, Genitiv Plural alle drei Geschlechter
blaue: Nominativ Singular weiblich, Akkusativ Singular weiblich, Nominativ Plural alle drei Geschlechter, Akkusativ Plural alle drei Geschlechter
blaues: Nominativ Singular sächlich, Akkusativ Singular sächlich
blauem: Dativ Singular männlich, Dativ Singular sächlich
blauen: Genitiv Singular männlich, Genitiv Singular sächlich, Akkusativ Singular männlich, Dativ Plural alle drei Geschlechter

Singular (Einzahl)

Fall/Geschlecht	**männlich**	**weiblich**	**sächlich**
Nominativ: **Wer oder was?**	______ Stoff	______ Farbe	______ Garn
Genitiv: **Wessen?**	statt ______ Stoffes	statt ______ Farbe	statt ______ Garnes
Dativ: **Wem?**	aus ______ Stoff	aus ______ Farbe	aus ______ Garn
Akkusativ: **Wen oder was?**	für ______ Stoff	für ______ Farbe	für ______ Garn

Plural (Mehrzahl)

Fall/Geschlecht	**männlich**	**weiblich**	**sächlich**
Nominativ: **Wer oder was?**	______ Stoffe	______ Farben	______ Garne
Genitiv: **Wessen?**	statt ______ Stoffe	statt ______ Farben	statt ______ Garne
Dativ: **Wem?**	aus ______ Stoffen	aus ______ Farben	aus ______ Garnen
Akkusativ: **Wen oder was?**	für ______ Stoffe	für ______ Farben	für ______ Garne

★★|

2. Sieh dir die einzelnen Formen des Adjektivs „blau" im Plural im unteren Kasten an. Was fällt dir beim Vergleich der Formen auf? Kreuze entsprechend an.

☐ Die Formen im Plural sind bei allen drei Geschlechtern unterschiedlich.

☐ Die Formen im Plural sind bei allen drei Geschlechtern gleich.

Name: Datum:

★★ |

3. Ergänze die Adjektive „frisch" bei „Salat", „warm" bei „Suppe" und „kalt" bei „Wasser/Getränke" in der richtigen Form.

Singular (Einzahl)

Fall/Geschlecht	männlich	weiblich	sächlich
Nominativ: Wer oder was?	_______ Salat	_______ Suppe	_______ Wasser
Genitiv: Wessen?	statt _______ Salates	statt _______ Suppe	statt _______ Wassers
Dativ: Wem?	mit _______ Salat	mit _______ Suppe	mit _______ Wasser
Akkusativ: Wen oder was?	für _______ Salat	für _______ Suppe	für _______ Wasser

Plural (Mehrzahl)

Fall/Geschlecht	männlich	weiblich	sächlich
Nominativ: Wer oder was?	_______ Salate	_______ Suppen	_______ Getränke
Genitiv: Wessen?	statt _______ Salate	statt _______ Suppen	statt _______ Getränke
Dativ: Wem?	mit _______ Salaten	mit _______ Suppen	mit _______ Getränken
Akkusativ: Wen oder was?	für _______ Salate	für _______ Suppen	für _______ Getränke

★★★ |

4. Ergänze die in Klammern stehenden Adjektive in der grammatisch passenden Form.

a) Sie bestellte _______ (heiß) Schokolade und _______ (kalt) Mineralwasser.

b) Statt _______ (frisch) Pilze können wir auch getrocknete nehmen.

c) Für _______ (frisch) Möhrensalat brauchen wir noch _______ (roh) Möhren.

d) Solch _______ (schön) Wetter sollte man genießen.

e) Die Qualität _______ (preisgünstig) Waren ist oft nicht gut.

f) Wir können das Fenster mit _______ (schwarz) Stoff zuhängen.

g) Es gab wenig _______ (günstig) Hosen im Angebot.

h) Sie entschied sich für _______ (süß) Gebäck und _______ (heiß) Tee.

i) Die Schere ist aus _______ (fest) Stahl.

j) Dort gibt es _______ (gebrannt) Mandeln und _______ (lecker) Kakao.

k) Er dekorierte den Kuchen mit _______ (bunt) Marzipan.

Name: Datum:

8 Abschlusstest

Deklinieren: Was hast du dazugelernt?

1. Ergänze den bestimmten Artikel „der, die, das“ in der grammatisch passenden Form.

a) Er goss ______ Mann ______ Tee ein und gab ______ Freundin ______ Mannes Kuchen.

b) Sie rief ______ Kind, nahm ______ Tasche ______ Kindes und ging mit ihm aus ______ Haus.

2. Ergänze den unbestimmten Artikel „ein, eine, ein“ in der grammatisch passenden Form.

a) Im Hof bin ich __________ Dame, __________ Herrn und __________ Kind begegnet.

b) Hier sind die Jacken __________ Mannes, __________ Frau und __________ Kindes.

3. Ergänze das Demonstrativpronomen „dieser, diese, dieses“ in der grammatisch passenden Form.

a) Ich kann __________ Mann, __________ Frau und __________ Kind nicht vergessen.

b) Wir können __________ Herrn, __________ Dame und __________ Tier nicht helfen.

4. Trage den bestimmten Artikel und das Adjektiv in der grammatisch passenden Form ein.

a) Er hat ______ ______________ (der große) Fernseher gekauft.

b) Das Licht ______ ______________ (das grüne) Fahrrades funktioniert.

c) Ich habe ______ ______________ (die alte) Frau gerne geholfen.

5. Trage den unbestimmten Artikel und das Adjektiv in der grammatisch passenden Form ein.

a) Sie kam mit ______ ______________ (ein neues) Handy und ______ ______________ (eine große) Reisetasche mit ______ ______________ (ein grüner) Adressanhänger.

6. Trage das Demonstrativpronomen „dieser, diese, dieses“ und das Adjektiv in der grammatisch passenden Form ein.

a) Ich habe __________ ______________ (dieser nette) Jungen meine Adresse gegeben.

b) Kürzlich habe ich __________ ______________ (diese witzige) Frau getroffen.

7. Ergänze das Adjektiv in der grammatisch passenden Form.

a) Er bekam Eis mit __________ (heiß) Himbeeren und ______________ (geschlagen) Sahne.

b) Zu ______________ (grün) Salat und ______________ (gebacken) Ofenkartoffel gab es Fisch.

Name: Datum:

1 Nomen mit bestimmtem Artikel

★ |

1. Ergänze die verschiedenen Formen des Artikels „der, die, das". Dabei kannst du die Angaben aus dem Kasten zu Hilfe nehmen.

der: Nominativ Singular männlich, Genitiv Singular weiblich, Dativ Singular weiblich, Genitiv Plural alle drei Geschlechter
die: Nominativ Singular weiblich, Akkusativ Singular weiblich, Nominativ Plural alle drei Geschlechter, Akkusativ Plural alle drei Geschlechter
das: Nominativ Singular sächlich, Akkusativ Singular sächlich
des: Genitiv Singular männlich, Genitiv Singular sächlich
dem: Dativ Singular männlich, Dativ Singular sächlich
den: Akkusativ Singular männlich, Dativ Plural alle drei Geschlechter

Singular (Einzahl)

Fall/Geschlecht	männlich	weiblich	sächlich
Nominativ: Wer oder was?	der Mann	die Frau	das Kind
Genitiv: Wessen?	des Mannes	der Frau	des Kindes
Dativ: Wem?	dem Mann	der Frau	dem Kind
Akkusativ: Wen oder was?	den Mann	die Frau	das Kind

Plural (Mehrzahl)

Fall/Geschlecht	männlich	weiblich	sächlich
Nominativ: Wer oder was?	die Männer	die Frauen	die Kinder
Genitiv: Wessen?	der Männer	der Frauen	der Kinder
Dativ: Wem?	den Männern	den Frauen	den Kindern
Akkusativ: Wen oder was?	die Männer	die Frauen	die Kinder

★★ |

2. Sieh dir die einzelnen Formen des bestimmten Artikels „der, die, das" im Plural im unteren Kasten an. Was fällt dir beim Vergleich der Formen auf? Ergänze das passende Wort in der Lücke: unterschiedlich/gleich

Die Formen im Plural sind bei allen drei Geschlechtern gleich.

Name: Datum:

★★ |

3. Ergänze den bestimmten Artikel „der, die, das" in der richtigen Form.

Singular (Einzahl)

Fall/Geschlecht	männlich	weiblich	sächlich
Nominativ: Wer oder was?	der Hund	die Katze	das Tier
Genitiv: Wessen?	des Hundes	der Katze	des Tieres
Dativ: Wem?	dem Hund	der Katze	dem Tier
Akkusativ: Wen oder was?	den Hund	die Katze	das Tier

Plural (Mehrzahl)

Fall/Geschlecht	männlich	weiblich	sächlich
Nominativ: Wer oder was?	die Hunde	die Katzen	die Tiere
Genitiv: Wessen?	der Hunde	der Katzen	der Tiere
Dativ: Wem?	den Hunden	den Katzen	den Tieren
Akkusativ: Wen oder was?	die Hunde	die Katzen	die Tiere

★★★ |

4. Ergänze Nomen und Artikel in der grammatisch passenden Form.

a) Die Tür des Hauses (das Haus) war offen.
b) Sie schenkt dem Schüler (der Schüler) einen Kinogutschein.
c) Ich habe die Tasche (die Tasche) in der Schule vergessen.
d) Heute habe ich den Hausmeister (der Hausmeister) noch nicht gesehen.
e) Die Haare der Dame (die Dame) waren braun.
f) Sie bringen den Müll (der Müll) weg.
g) Der Akku des Handys (das Handy) ist kaputt.
h) Er gibt der Verkäuferin (die Verkäuferin) das Geld.
i) Die Jugendlichen halfen dem Kind (das Kind).
j) Leider hat der Bus (der Bus) 20 Minuten Verspätung.

Name: Datum:

2 Nomen mit unbestimmtem Artikel

★ | 👤 👥

1. Ergänze die verschiedenen Formen des Artikels „ein, eine, ein". Dabei kannst du die Angaben aus dem Kasten zu Hilfe nehmen.

ein: Nominativ Singular männlich, Nominativ Singular sächlich, Akkusativ Singular sächlich
eine: Nominativ Singular weiblich, Akkusativ Singular weiblich
eines: Genitiv Singular männlich, Genitiv Singular sächlich
einer: Genitiv Singular weiblich, Dativ Singular weiblich
einem: Dativ Singular männlich, Dativ Singular sächlich
einen: Akkusativ Singular männlich

Singular (Einzahl)

Fall/Geschlecht	männlich	weiblich	sächlich
Nominativ: Wer oder was?	*ein* Mann	*eine* Frau	*ein* Kind
Genitiv: Wessen?	*eines* Mannes	*einer* Frau	*eines* Kindes
Dativ: Wem?	*einem* Mann	*einer* Frau	*einem* Kind
Akkusativ: Wen oder was?	*einen* Mann	*eine* Frau	*ein* Kind

★★ | 👤 👥 👥👤

2. Ergänze den unbestimmten Artikel „ein, eine, ein" in der richtigen Form.

Singular (Einzahl)

Fall/Geschlecht	männlich	weiblich	sächlich
Nominativ: Wer oder was?	*ein* Hund	*eine* Katze	*ein* Tier
Genitiv: Wessen?	*eines* Hundes	*einer* Katze	*eines* Tieres
Dativ: Wem?	*einem* Hund	*einer* Katze	*einem* Tier
Akkusativ: Wen oder was?	*einen* Hund	*eine* Katze	*ein* Tier

★★ | 👤 👥

3. Ergänze den unbestimmten Artikel „ein, eine, ein" in der richtigen Form mithilfe der Angaben in der Klammer.

a) Gestern habe ich *einen* Regenbogen gesehen. (männlich/Wen oder was?)

b) Er hat das Buch *einer* Mitschülerin geliehen. (weiblich/Wem?)

Lösungen – Lerntheke 1

Name: Datum:

★★★ | 👤 👥 👥👤

4. Ergänze den unbestimmten Artikel „ein, eine, ein" in der grammatisch passenden Form.

a) Im Flur stand leider *ein* Lehrer.
b) Er kauft sich *ein* Computerspiel.
c) Die Augen *eines* Säuglings sind immer blau.
d) Sie gibt das Geld *einer* Verkäuferin.
e) Auf jeder Etage gibt es *eine* Toilette.
f) Die Lebensdauer *eines* Akkus ist bekanntlich begrenzt.
g) Ich habe mir schon *eine* Kinokarte besorgt.
h) Die Gläser *einer* Brille müssen täglich gereinigt werden.
i) Das Buch habe ich *einem* Jungen aus der Nachbarschaft geliehen.
j) Das Klingeln *eines* Handys ist zu hören.
k) In der Stadt ist uns *eine* Mitschülerin begegnet.
l) Den Aufkleber habe ich *einem* Kind geschenkt.
m) Mit *einem* Hund muss man öfter am Tag spazieren gehen.
n) Achtung, eben habe ich *einen* Kontrolleur gesehen!

★★★ | 👤 👥 👥👤

5. Ordne zu, welches Nomen inhaltlich in welchen Satz passt. Ersetze das Fragezeichen vor den Nomen durch den unbestimmten Artikel „ein, eine, ein" in der grammatisch passenden Form.

? Menschen ♦ ? Witz ♦ ? Kind ♦ ? Katze ♦ ? Apotheke ♦ ? Autos ♦ ? Rucksack ♦ ? CD

a) Das Medikament habe ich mir in *einer* *Apotheke* gekauft.
b) Das Schnurren *einer* *Katze* hört der Mensch gerne.
c) Hast du dir *eine* *CD* aus meiner CD-Sammlung ausgesucht?
d) Der Tank *eines* *Autos* ist irgendwann leer.
e) Sie hat sich *einen* *Rucksack* zum Wandern gekauft.
f) Mit *einem* *Witz* brachte er alle zum Lachen.
g) Das Leben *eines* *Menschen* ist bekanntlich zeitlich begrenzt.
h) Mein altes Fahrrad will ich *einem* *Kind* aus der Nachbarschaft schenken.

Name: Datum:

3 Nomen mit „dieser, diese, dieses“

★ |

1. Ergänze die verschiedenen Formen des Demonstrativpronomens „dieser, diese, dieses“. Dabei kannst du die Angaben aus dem Kasten zu Hilfe nehmen.

dieser: Nominativ Singular männlich, Genitiv Singular weiblich, Dativ Singular weiblich, Genitiv Plural alle drei Geschlechter
diese: Nominativ Singular weiblich, Akkusativ Singular weiblich, Nominativ Plural alle drei Geschlechter, Akkusativ Plural alle drei Geschlechter
dieses: Nominativ Singular sächlich, Genitiv Singular männlich, Genitiv Singular sächlich, Akkusativ Singular sächlich
diesem: Dativ Singular männlich, Dativ Singular sächlich
diesen: Akkusativ Singular männlich, Dativ Plural alle drei Geschlechter

Singular (Einzahl)

Fall/Geschlecht	männlich	weiblich	sächlich
Nominativ: Wer oder was?	dieser Mann	diese Frau	dieses Kind
Genitiv: Wessen?	dieses Mannes	dieser Frau	dieses Kindes
Dativ: Wem?	diesem Mann	dieser Frau	diesem Kind
Akkusativ: Wen oder was?	diesen Mann	diese Frau	dieses Kind

Plural (Mehrzahl)

Fall/Geschlecht	männlich	weiblich	sächlich
Nominativ: Wer oder was?	diese Männer	diese Frauen	diese Kinder
Genitiv: Wessen?	dieser Männer	dieser Frauen	dieser Kinder
Dativ: Wem?	diesen Männern	diesen Frauen	diesen Kindern
Akkusativ: Wen oder was?	diese Männer	diese Frauen	diese Kinder

★★ |

2. Sieh dir die einzelnen Formen des Demonstrativpronomens „dieser, diese, dieses“ im Plural im unteren Kasten an. Was fällt dir beim Vergleich der Formen auf? Ergänze das passende Wort in der Lücke: unterschiedlich/gleich

Die Formen im Plural sind bei allen drei Geschlechtern gleich.

Name: Datum:

Lösungen – Lerntheke 1

★★ |

3. Ergänze das Demonstrativpronomen „dieser, diese, dieses“ in der richtigen Form.

Singular (Einzahl)

Fall/Geschlecht	männlich	weiblich	sächlich
Nominativ: Wer oder was?	dieser Hund	diese Katze	dieses Tier
Genitiv: Wessen?	dieses Hundes	dieser Katze	dieses Tieres
Dativ: Wem?	diesem Hund	dieser Katze	diesem Tier
Akkusativ: Wen oder was?	diesen Hund	diese Katze	dieses Tier

Plural (Mehrzahl)

Fall/Geschlecht	männlich	weiblich	sächlich
Nominativ: Wer oder was?	diese Hunde	diese Katzen	diese Tiere
Genitiv: Wessen?	dieser Hunde	dieser Katzen	dieser Tiere
Dativ: Wem?	diesen Hunden	diesen Katzen	diesen Tieren
Akkusativ: Wen oder was?	diese Hunde	diese Katzen	diese Tiere

★★★ |

4. Ergänze das Demonstrativpronomen „dieser, diese, dieses“ in der grammatisch passenden Form.

a) Ich habe diesen Mann noch nie gesehen.
b) Das Ladekabel dieses Handys ist verschwunden.
c) Da, dieser Computer ist noch nicht heruntergefahren!
d) Die Verpackung dieser Schere kann in den Müll.
e) Wir haben das Formular dieser Frau gegeben.
f) Nein, dieses Spiel habe ich noch nicht auf meinem Smartphone.
g) Also, diesen Baum habe ich schon gegossen.
h) Nein, diese Kinder habe ich noch nie hier getroffen.
i) Der Zustand dieser Bücher ist katastrophal.
j) Ich glaube, diese Ecke haben wir noch nicht gefegt.
k) Wir sollen diese Stühle hinaustragen.

© 2018 Cornelsen Verlag GmbH. Alle Rechte vorbehalten. Die Vervielfältigung dieser Seite ist für den eigenen Unterrichtsgebrauch gestattet. Für inhaltliche Veränderungen durch Dritte übernimmt der Verlag keine Verantwortung.

4 Nomen mit bestimmtem Artikel und Adjektiv

★ |

1. Ordne die Wortgruppen aus dem Kasten grammatisch korrekt den Sätzen zu. Markiere anschließend die Adjektivendungen.

den netten Mann ♦ der nette Mann ♦ des netten Mannes ♦ dem netten Mann

Fall/Geschlecht	Singular (Einzahl) männlich
Nominativ: Wer oder was?	Sieh mal, der nette Mann kommt!
Genitiv: Wessen?	Die Haare des netten Mannes sind braun.
Dativ: Wem?	Sie gibt dem netten Mann die Hand.
Akkusativ: Wen oder was?	Sie begrüßt den netten Mann.

der netten Frau ♦ die nette Frau ♦ der netten Frau ♦ die nette Frau

Fall/Geschlecht	Singular (Einzahl) weiblich
Nominativ: Wer oder was?	Sieh mal, die nette Frau kommt!
Genitiv: Wessen?	Die Haare der netten Frau sind braun.
Dativ: Wem?	Er gibt der netten Frau die Hand.
Akkusativ: Wen oder was?	Er begrüßt die nette Frau.

des netten Kindes ♦ dem netten Kind ♦ das nette Kind ♦ das nette Kind

Fall/Geschlecht	Singular (Einzahl) sächlich
Nominativ: Wer oder was?	Sieh mal, das nette Kind kommt!
Genitiv: Wessen?	Die Haare des netten Kindes sind braun.
Dativ: Wem?	Er gibt dem netten Kind Bonbons.
Akkusativ: Wen oder was?	Sie begrüßt das nette Kind.

der netten Kinder ♦ die netten Kinder ♦ den netten Kindern ♦ die netten Kinder

Fall/Geschlecht	Plural (Mehrzahl) sächlich
Nominativ: Wer oder was?	Sieh mal, die netten Kinder kommen!
Genitiv: Wessen?	Die Haare der netten Kinder sind braun.
Dativ: Wem?	Sie gibt den netten Kindern Bonbons.
Akkusativ: Wen oder was?	Er begrüßt die netten Kinder.

★ |

2. Im Plural haben alle drei Geschlechter dieselben Endungen. Was fällt dir bei allen Adjektivendungen des Plurals in den verschiedenen Fällen auf? Ergänze den Satz entsprechend.

Im Plural haben Adjektive immer die Endung -en.

★★ |

3. Ersetze bei den Sätzen aus Aufgabe 1 das Adjektiv „nett" durch das Adjektiv „freundlich" und schreibe die Sätze damit auf. Achte dabei auf die korrekten Endungen.

Sieh mal, der freundliche Mann kommt!
Die Haare des freundlichen Mannes sind braun.
Sie gibt dem freundlichen Mann die Hand.
Sie begrüßt den freundlichen Mann.
Sieh mal, die freundliche Frau kommt!
Die Haare der freundlichen Frau sind braun.
Er gibt der freundlichen Frau die Hand.
Er begrüßt die freundliche Frau.
Sieh mal, das freundliche Kind kommt!
Die Haare des freundlichen Kindes sind braun.
Er gibt dem freundlichen Kind Bonbons.
Sie begrüßt das freundliche Kind.
Sieh mal, die freundlichen Kinder kommen!
Die Haare der freundlichen Kinder sind braun.
Sie gibt den freundlichen Kindern Bonbons.
Er begrüßt die freundlichen Kinder.

Name: Datum:

★★★ |

4. Ergänze bei den Sätzen die in Klammern stehende Wortgruppe. Setze anstelle des ★ die grammatisch korrekte Endung ein.

a) Er streichelte *das verängstigte Tier* (das verängstigt★ Tier).
b) Ich suche *die kleine Kiste* (die klein★ Kiste).
c) Überall hörte man *die lauten Schüler* (die laut★ Schüler).
d) Sieh mal, *die kleine Dame* (die klein★ Dame) trägt Absatzschuhe!

★★★ |

5. Ergänze die Wortgruppen in der grammatisch passenden Form. Achte dabei auf die Adjektivendungen.

a) Sie brachten *der alten Frau* (die alte Frau) Kuchen.
b) Er putzte *den verschmutzten Boden* (der verschmutzte Boden).
c) Die Scheibe *des großen Fensters* (das große Fenster) ist dreckig.
d) Die Augen *des glücklichen Gewinners* (der glückliche Gewinner) strahlten.
e) Sie halfen *dem armen Kind* (das arme Kind).
f) Ich glaube, *den witzigen Mann* (der witzige Mann) kenne ich.
g) Sie gab *der durstigen Pflanze* (die durstige Pflanze) Wasser.

Name: Datum:

5 Nomen mit unbestimmtem Artikel und Adjektiv

★ |

1. Ordne die Wortgruppen aus dem Kasten grammatisch korrekt den Sätzen zu. Markiere anschließend die Adjektivendungen.

eines großen Kindes ♦ einer großen Frau ♦ einen großen Mann ♦ einem großen Kind ♦ eine große Frau ♦ ein großer Mann ♦ ein großes Kind ♦ einer großen Frau ♦ eines großen Mannes ♦ ein großes Kind ♦ eine große Frau ♦ einem großen Mann

Fall/Geschlecht	Singular (Einzahl) männlich
Nominativ: Wer oder was?	Da kommt *ein großer Mann*.
Genitiv: Wessen?	Die Beine *eines großen Mannes* sind oft lang.
Dativ: Wem?	Er gibt *einem großen Mann* die Hand.
Akkusativ: Wen oder was?	Sie stellt sich hinter *einen großen Mann*.

Fall/Geschlecht	Singular (Einzahl) weiblich
Nominativ: Wer oder was?	Da kommt *eine große Frau*.
Genitiv: Wessen?	Die Beine *einer großen Frau* sind oft lang.
Dativ: Wem?	Er gibt *einer großen Frau* die Hand.
Akkusativ: Wen oder was?	Sie stellt sich hinter *eine große Frau*.

Fall/Geschlecht	Singular (Einzahl) sächlich
Nominativ: Wer oder was?	Da kommt *ein großes Kind*.
Genitiv: Wessen?	Die Beine *eines großen Kindes* sind oft lang.
Dativ: Wem?	Er gibt *einem großen Kind* die Hand.
Akkusativ: Wen oder was?	Sie stellt sich hinter *ein großes Kind*.

★★

2. Ersetze bei den Sätzen aus Aufgabe 1 „groß“ durch „riesig“ und schreibe die Sätze damit auf.

Da kommt ein riesiger Mann.
Die Beine eines riesigen Mannes sind oft lang.
Er gibt einem riesigen Mann die Hand.
Sie stellt sich hinter einen riesigen Mann.

Da kommt eine riesige Frau.
Die Beine einer riesigen Frau sind oft lang.
Er gibt einer riesigen Frau die Hand.
Sie stellt sich hinter eine riesige Frau.

Da kommt ein riesiges Kind.
Die Beine eines riesigen Kindes sind oft lang.
Er gibt einem riesigen Kind die Hand.
Sie stellt sich hinter ein riesiges Kind.

★★

3. Ergänze bei den Sätzen die in Klammern stehende Wortgruppe. Setze anstelle des ★ die grammatisch korrekte Endung ein.

a) Sie trägt eine grüne Sonnenbrille (eine grün★ Sonnenbrille).
b) Das Ticken eines lauten Weckers (eines laut★ Weckers) kann störend sein.
c) Ben hat sich ein neues Fahrrad (ein neu★ Fahrrad) gekauft.
d) Er hat sich auf einen hohen Stein (einen hoh★ Stein) gesetzt.
e) Sie hat einen wertvollen Ring (einen wertvoll★ Ring) bekommen.
f) Er hat noch eine weite Reise (eine weit★ Reise) vor sich.
g) Sie sucht sich ein blaues T-Shirt (ein blau★ T-Shirt) aus.
h) Er packt es in einen kleinen Karton (einen klein★ Karton) hinein.
i) Sie hat sich eine schöne Kette (eine schön★ Kette) ausgesucht.
j) Er gibt es einem armen Mann (einem arm★ Mann).
k) Die Haare eines alten Herrn (eines alt★ Herrn) sind oft grau.
l) Wir haben eine wichtige Nachricht (eine wichtig★ Nachricht) für Sie.

★★★

4. Ergänze die in Klammern stehende Wortgruppe in der grammatisch passenden Form.

a) Die Qualität eines teuren Produktes (ein teures Produkt) ist oft besser.
b) Dort habe ich einen netten Herrn (ein netter Herr) getroffen.
c) Ich habe es einer freundlichen Frau (eine freundliche Frau) geschenkt.
d) Sie hat noch schnell einem alten Mann (ein alter Mann) geholfen.
e) Die Lehrerin hatte einen blauen Pullover (ein blauer Pullover) an.
f) Das Buch habe ich einem kleinen Kind (ein kleines Kind) gegeben.
g) Den Blicken eines hungrigen Tieres (ein hungriges Tier) kann man schwer widerstehen.
h) Das ist von einem hilfsbereiten Mitschüler (ein hilfsbereiter Mitschüler).
i) Das Geschrei eines wütenden Kindes (ein wütendes Kind) kann sehr laut sein.
j) Dieses Buch ist von einer bekannten Autorin (eine bekannte Autorin).
k) Der Benzinverbrauch eines kleinen Autos (ein kleines Auto) ist geringer.
l) Der Duft einer roten Rose (eine rote Rose) ist oft bezaubernd.

Name: Datum:

6 Nomen mit „dieser, diese, dieses“ und Adjektiv

Merke!
Nach dem Demonstrativpronomen „dieser, diese, dieses“ wird das Adjektiv genauso dekliniert wie der bestimmte Artikel „der, die, das“. Das bedeutet, bei allen Nominativformen im Singular und beim weiblichen und sächlichen Akkusativ Singular wird „-e“ angehängt, ansonsten überall „-en“.

1. Ordne die Wortgruppen entsprechend zu. Markiere die Adjektivendungen.

diesen netten Kindern ♦ dieser netten Frau ♦ dieses netten Mannes ♦ dieses nette Kind ♦ diesen netten Mann ♦ diese netten Kinder ♦ diese nette Frau ♦ diesem netten Kind ♦ dieser nette Mann ♦ diese netten Kinder ♦ diesem netten Mann ♦ dieses netten Kindes ♦ diese nette Frau ♦ dieser netten Kinder ♦ dieses nette Kind ♦ dieser netten Frau

Fall/Geschlecht	Singular (Einzahl) männlich
Nominativ: Wer oder was?	Sieh mal, dieser nette Mann kommt!
Genitiv: Wessen?	Die Haare dieses netten Mannes sind braun.
Dativ: Wem?	Sie kauft diesem netten Mann ein Eis.
Akkusativ: Wen oder was?	Sie mag diesen netten Mann.

Fall/Geschlecht	Singular (Einzahl) weiblich
Nominativ: Wer oder was?	Sieh mal, diese nette Frau kommt!
Genitiv: Wessen?	Die Haare dieser netten Frau sind braun.
Dativ: Wem?	Er kauft dieser netten Frau ein Eis.
Akkusativ: Wen oder was?	Er mag diese nette Frau.

Fall/Geschlecht	Singular (Einzahl) sächlich
Nominativ: Wer oder was?	Sieh mal, dieses nette Kind kommt!
Genitiv: Wessen?	Die Haare dieses netten Kindes sind braun.
Dativ: Wem?	Er kauft diesem netten Kind ein Eis.
Akkusativ: Wen oder was?	Er mag dieses nette Kind.

Name: Datum:

Lösungen – Lerntheke 1

Fall/Geschlecht	Plural (Mehrzahl) sächlich
Nominativ: Wer oder was?	Sieh mal, diese netten Kinder kommen!
Genitiv: Wessen?	Die Haare dieser netten Kinder sind braun.
Dativ: Wem?	Sie kauft diesen netten Kindern ein Eis.
Akkusativ: Wen oder was?	Sie mag diese netten Kinder.

2. Ersetze bei den Sätzen aus Aufgabe 1 das Adjektiv „nett“ durch das Adjektiv „freundlich“ in der passenden Form. Schreibe die Sätze damit auf.

Sieh mal, dieser freundliche Mann kommt!
Die Haare dieses freundlichen Mannes sind braun.
Sie kauft diesem freundlichen Mann ein Eis.
Sie mag diesen freundlichen Mann.

Sieh mal, diese freundliche Frau kommt!
Die Haare dieser freundlichen Frau sind braun.
Er kauft dieser freundlichen Frau ein Eis.
Er mag diese freundliche Frau.

Sieh mal, dieses freundliche Kind kommt!
Die Haare dieses freundlichen Kindes sind braun.
Er kauft diesem freundlichen Kind ein Eis.
Er mag dieses freundliche Kind.

Sieh mal, diese freundlichen Kinder kommen!
Die Haare dieser freundlichen Kinder sind braun.
Sie kauft diesen freundlichen Kindern ein Eis.
Sie mag diese freundlichen Kinder.

© 2018 Cornelsen Verlag GmbH. Alle Rechte vorbehalten. Die Vervielfältigung dieser Seite ist für den eigenen Unterrichtsgebrauch gestattet. Für inhaltliche Veränderungen durch Dritte übernimmt der Verlag keine Verantwortung.

Name: Datum:

★★| 👤 👥 👥👤

3. Ergänze bei den Sätzen die in Klammern stehende Wortgruppe. Setze anstelle des ★ die grammatisch korrekte Endung ein.

a) Lass uns _diese kaputte Uhr_ (diese kaputt★ Uhr) reparieren.
b) Die Eltern _dieses kleinen Kindes_ (dieses klein★ Kindes) wohnen hier.
c) Wir sollten _diese neue Packung_ (diese neu★ Packung) Chips öffnen.
d) Die Lehne _dieses alten Stuhles_ (dieses alt★ Stuhles) wackelt.
e) Du kannst bei _diesen hilfsbereiten Menschen_ (diesen hilfsbereit★ Menschen) fragen.
f) Sieh mal, _dieser schöne Pullover_ (dieser schön★ Pullover) war nicht teuer!
g) Die Fahrgäste _dieses verspäteten Zuges_ (dieses verspätet★ Zuges) waren verärgert.
h) Bald können wir _diese leckeren Äpfel_ (diese lecker★ Äpfel) essen.
i) Die Blüten _dieser bunten Rosen_ (dieser bunt★ Rosen) duften.
j) Ich hoffe, _dieser versprochene Brief_ (dieser versprochen★ Brief) kommt bald.

★★★| 👤 👥 👥👤

4. Ergänze die in Klammern stehende Wortgruppe in der grammatisch passenden Form.

a) Der Reißverschluss _dieses blauen Rucksacks_ (dieser blaue Rucksack) ist kaputt.
b) Du kannst es _dieser alten Frau_ (diese alte Frau) nebenan schenken.
c) Die Klingel _dieses grünen Telefons_ (dieses grüne Telefon) ist laut.
d) Nein, _diesen hässlichen Mantel_ (dieser hässliche Mantel) will ich nicht!
e) Wir geben _dieser trockenen Pflanze_ (diese trockene Pflanze) Wasser.
f) Lass uns _diesem hungrigen Tier_ (dieses hungrige Tier) Futter geben.
g) Wir sollten _diesem armen Mann_ (dieser arme Mann) helfen.
h) In _diesem teuren Geschäft_ (dieses teure Geschäft) war ich noch nie.

Name: Datum:

7 Nomen mit Adjektiv

★| 👤 👥

1. Ergänze die verschiedenen Formen des Adjektivs „blau“. Markiere anschließend die Adjektivendungen. Dabei kannst du die Angaben aus dem Kasten zu Hilfe nehmen.

blauer: Nominativ Singular männlich, Genitiv Singular weiblich, Dativ Singular weiblich, Genitiv Plural alle drei Geschlechter
blaue: Nominativ Singular weiblich, Akkusativ Singular weiblich, Nominativ Plural alle drei Geschlechter, Akkusativ Plural alle drei Geschlechter
blaues: Nominativ Singular sächlich, Akkusativ Singular sächlich
blauem: Dativ Singular männlich, Dativ Singular sächlich
blauen: Genitiv Singular männlich, Genitiv Singular sächlich, Akkusativ Singular männlich, Dativ Plural alle drei Geschlechter

Singular (Einzahl)

Fall/Geschlecht	männlich	weiblich	sächlich
Nominativ: Wer oder was?	_blauer_ Stoff	_blaue_ Farbe	_blaues_ Garn
Genitiv: Wessen?	statt _blauen_ Stoffes	statt _blauer_ Farbe	statt _blauen_ Garnes
Dativ: Wem?	aus _blauem_ Stoff	aus _blauer_ Farbe	aus _blauem_ Garn
Akkusativ: Wen oder was?	für _blauen_ Stoff	für _blaue_ Farbe	für _blaues_ Garn

Plural (Mehrzahl)

Fall/Geschlecht	männlich	weiblich	sächlich
Nominativ: Wer oder was?	_blaue_ Stoffe	_blaue_ Farben	_blaue_ Garne
Genitiv: Wessen?	statt _blauer_ Stoffe	statt _blauer_ Farben	statt _blauer_ Garne
Dativ: Wem?	aus _blauen_ Stoffen	aus _blauen_ Farben	aus _blauen_ Garnen
Akkusativ: Wen oder was?	für _blaue_ Stoffe	für _blaue_ Farben	für _blaue_ Garne

★★| 👤 👥

2. Sieh dir die einzelnen Formen des Adjektivs „blau“ im Plural im unteren Kasten an. Was fällt dir beim Vergleich der Formen auf? Kreuze entsprechend an.

- [ ] Die Formen im Plural sind bei allen drei Geschlechtern unterschiedlich.
- [x] Die Formen im Plural sind bei allen drei Geschlechtern gleich.

Name: Datum:

★★|

3. Ergänze die Adjektive „frisch" bei „Salat", „warm" bei „Suppe" und „kalt" bei „Wasser/Getränke" in der richtigen Form.

Singular (Einzahl)

Fall/Geschlecht	männlich	weiblich	sächlich
Nominativ: Wer oder was?	frischer Salat	warme Suppe	kaltes Wasser
Genitiv: Wessen?	statt frischen Salates	statt warmer Suppe	statt kalten Wassers
Dativ: Wem?	mit frischem Salat	mit warmer Suppe	mit kaltem Wasser
Akkusativ: Wen oder was?	für frischen Salat	für warme Suppe	für kaltes Wasser

Plural (Mehrzahl)

Fall/Geschlecht	männlich	weiblich	sächlich
Nominativ: Wer oder was?	frische Salate	warme Suppen	kalte Getränke
Genitiv: Wessen?	statt frischer Salate	statt warmer Suppen	statt kalter Getränke
Dativ: Wem?	mit frischen Salaten	mit warmen Suppen	mit kalten Getränken
Akkusativ: Wen oder was?	für frische Salate	für warme Suppen	für kalte Getränke

★★★|

4. Ergänze die in Klammern stehenden Adjektive in der grammatisch passenden Form.

a) Sie bestellte heiße (heiß) Schokolade und kaltes (kalt) Mineralwasser.

b) Statt frischer (frisch) Pilze können wir auch getrocknete nehmen.

c) Für frischen (frisch) Möhrensalat brauchen wir noch rohe (roh) Möhren.

d) Solch schönes (schön) Wetter sollte man genießen.

e) Die Qualität preisgünstiger (preisgünstig) Waren ist oft nicht gut.

f) Wir können das Fenster mit schwarzem (schwarz) Stoff zuhängen.

g) Es gab wenig günstige (günstig) Hosen im Angebot.

h) Sie entschied sich für süßes (süß) Gebäck und heißen (heiß) Tee.

i) Die Schere ist aus festem (fest) Stahl.

j) Dort gibt es gebrannte (gebrannt) Mandeln und leckeren (lecker) Kakao.

k) Er dekorierte den Kuchen mit buntem (bunt) Marzipan.

Name: Datum:

8 Abschlusstest

Deklinieren: Was hast du dazugelernt?

1. Ergänze den bestimmten Artikel „der, die, das" in der grammatisch passenden Form.

a) Er goss dem Mann den Tee ein und gab der Freundin des Mannes Kuchen.

b) Sie rief das Kind, nahm die Tasche des Kindes und ging mit ihm aus dem Haus.

2. Ergänze den unbestimmten Artikel „ein, eine, ein" in der grammatisch passenden Form.

a) Im Hof bin ich einer Dame, einem Herrn und einem Kind begegnet.

b) Hier sind die Jacken eines Mannes, einer Frau und eines Kindes.

3. Ergänze das Demonstrativpronomen „dieser, diese, dieses" in der grammatisch passenden Form.

a) Ich kann diesen Mann, diese Frau und dieses Kind nicht vergessen.

b) Wir können diesem Herrn, dieser Dame und diesem Tier nicht helfen.

4. Trage den bestimmten Artikel und das Adjektiv in der grammatisch passenden Form ein.

a) Er hat den großen (der große) Fernseher gekauft.

b) Das Licht des grünen (das grüne) Fahrrades funktioniert.

c) Ich habe der alten (die alte) Frau gerne geholfen.

5. Trage den unbestimmten Artikel und das Adjektiv in der grammatisch passenden Form ein.

a) Sie kam mit einem neuen (ein neues) Handy und einer großen (eine große) Reisetasche mit einem grünen (ein grüner) Adressanhänger.

6. Trage das Demonstrativpronomen „dieser, diese, dieses" und das Adjektiv in der grammatisch passenden Form ein.

a) Ich habe diesem netten (dieser nette) Jungen meine Adresse gegeben.

b) Kürzlich habe ich diese witzige (diese witzige) Frau getroffen.

7. Ergänze das Adjektiv in der grammatisch passenden Form.

a) Er bekam Eis mit heißen (heiß) Himbeeren und geschlagener (geschlagen) Sahne.

b) Zu grünem (grün) Salat und gebackener (gebacken) Ofenkartoffel gab es Fisch.

Lerntheke 2
Pronomen richtig verwenden

Der folgenden Übersicht kannst du entnehmen, welche Übungsaspekte dir bei dieser Lerntheke an welcher Station angeboten werden. Hake die einzelnen Stationen ab, nachdem du sie bearbeitet hast. So behältst du den Überblick, welche Stationen du schon erledigt hast und welche noch nicht. Führe zuletzt den Abschlusstest durch und überprüfe damit selbst, ob du das zuvor Gelernte nun beherrschst.

Übersicht

Station	Thema	Erledigt?
1	Personalpronomen richtig gebrauchen	
2	Reflexivpronomen richtig benutzen	
3	Possessivpronomen richtig verwenden	
4	Demonstrativpronomen richtig gebrauchen	
5	Relativpronomen richtig einsetzen	
6	Abschlusstest	

Name: Datum:

1 Personalpronomen richtig gebrauchen

★ | 👤 👥 👥👤

1. Lies dir die Übersicht über die Personalpronomen durch. Kreuze an, was dir bei der dritten Person Singular im Vergleich zu der ersten und zweiten Person Singular auffällt.

Singular

Fall	1. Person	2. Person	3. Person männlich	 weiblich	 sächlich
Nominativ: Wer oder was?	ich	du	er	sie	es
Genitiv: Wessen?	meiner	deiner	seiner	ihrer	seiner
Dativ: Wem?	mir	dir	ihm	ihr	ihm
Akkusativ: Wen oder was?	mich	dich	ihn	sie	es

Plural

Fall	1. Person	2. Person	3. Person alle drei Geschlechter
Nominativ: Wer oder was?	wir	ihr	sie
Genitiv: Wessen?	unser	euer	ihrer
Dativ: Wem?	uns	euch	ihnen
Akkusativ: Wen oder was?	uns	euch	sie

☐ Bei der dritten Person im Singular und Plural lauten die Formen des Personalpronomens für alle drei Geschlechter gleich.

☐ Bei der dritten Person im Singular muss man aufpassen, da die Formen des Personalpronomens für die verschiedenen Geschlechter unterschiedlich lauten.

★★ | 👤 👥 👥👤

2. Ergänze bei den Beispielsätzen mithilfe der Fragen für die einzelnen Fälle die fehlenden Personalpronomen im Singular (Einzahl) und im Plural (Mehrzahl). Dabei kannst du die Tabelle oben zu Hilfe nehmen.

Fall	1. Person	2. Person
Nominativ: Wer oder was?	Ja, ________ lese. Ja, ________ beide lesen.	Gut, ________ liest. Gut, ________ beide lest.
Genitiv: Wessen?	Die Leute gedenken ____________. Die Leute gedenken ____________.	Die Leute gedenken ____________. Die Leute gedenken ____________.
Dativ: Wem?	Gib ________ das Handy! Gib ________ beiden das Handy!	Gut, ________ gefällt es. Gut, ________ beiden gefällt es.
Akkusativ: Wen oder was?	Jemand sucht ________. Jemand sucht ________ beide.	Jemand sucht ________. Jemand sucht ________ beide.

Lerntheke 2

Name: ______________________________ Datum: ______________

Fall	3. Person männlich/weiblich/sächlich
Nominativ: Wer oder was?	Sieh mal, ________ / ________ / ________ lacht! Sieh, ________ / ________ / ________ lachen.
Genitiv: Wessen?	Die Leute gedenken ________ / ________ / ________. Die Leute gedenken ________ / ________ / ________.
Dativ: Wem?	Der Mann gibt ________ / ________ / ________ das Buch. Der Mann gibt ________ / ________ / ________ das Buch.
Akkusativ: Wen oder was?	Jonas trifft ________ / ________ / ________ im Park. Jonas trifft ________ / ________ / ________ im Park.

3. Ersetze bei den folgenden Sätzen das unterstrichene Nomen durch ein Personalpronomen. Schreibe die Sätze damit auf.

a) <u>Die Jugendlichen</u> geben <u>das Geld</u> <u>dem Kellner</u>.

____

b) <u>Das Mädchen</u> sucht nach <u>der Mutter</u> und <u>dem Vater</u>.

____

c) <u>Die Schülerin</u> schreibt <u>der Lehrerin</u> und <u>dem Lehrer</u> eine E-Mail.

____

d) <u>Der Schüler</u> putzt <u>den Klassenraum</u> und <u>die Mensa</u>.

____

4. Kreuze an, bei welchen Sätzen die Personalpronomen fehlerhaft verwendet werden. Korrigiere diese Sätze, indem du die falschen Personalpronomen durchstreichst und die richtige Form darüberschreibst.

☐ a) Die Verkäuferin gibt mich das Wechselgeld zurück.

☐ b) Das glaube ich dir nicht.

☐ c) Der Junge rennt zum Bus, sie bekommt es nicht mehr.

☐ d) Die Jugendliche sieht den Kunstlehrer, es gibt ihn das Bild.

Name: Datum:

2 Reflexivpronomen richtig benutzen

★ |

1. Lies dir die Formen der Reflexivpronomen in der Tabelle durch. Ergänze sie in den Beispielsätzen. Die angegebenen Personalpronomen „ich, du, er, sie, es, wir, ihr, sie" helfen dir dabei.

Dativ: Wem? **Singular**	 **Plural**	**Akkusativ: Wen oder was?** **Singular**	 **Plural**
ich → mir	wir → uns	ich → mich	wir → uns
du → dir	ihr → euch	du → dich	ihr → euch
er → sich sie → sich es → sich	sie → sich	er → sich sie → sich es → sich	sie → sich

Dativ: Wem?	**Akkusativ: Wen oder was?**
Ich kämme ________ die Haare.	Ich kämme ________.
Du kämmst ________ die Haare.	Du kämmst ________.
Er kämmt ________ die Haare. Sie kämmt ________ die Haare. Es kämmt ________ die Haare.	Er kämmt ________. Sie kämmt ________. Es kämmt ________.
Wir kämmen ________ die Haare.	Wir kämmen ________.
Ihr kämmt ________ die Haare.	Ihr kämmt ________.
Sie kämmen ________ die Haare.	Sie kämmen ________.

★★ |

2. Ergänze die fehlenden Reflexivpronomen in der grammatisch passenden Form.

a) Wir haben ________ gewaschen.

b) Laura schminkt ________.

c) Du schadest ________ damit.

d) Ich ziehe ________ noch schnell um.

e) Ihr föhnt ________ noch die Haare.

f) Sie haben ________ eingecremt.

★★★ |

3. Kreuze an, bei welchen Sätzen die Personalpronomen fehlerhaft gebraucht werden. Korrigiere diese Sätze, indem du die falschen Personalpronomen durchstreichst und die richtige Form darüber- oder darunterschreibst.

☐ a) Er hat sich selbst fotografiert.

☐ b) Du hast dich den Arm verletzt.

☐ c) Ich sehe mir im Spiegel.

☐ d) Wir schämen sich.

Lerntheke 2

Name: Datum:

3 Possessivpronomen richtig verwenden

★ |

1. Ergänze mithilfe der Tabelle die passenden Possessivpronomen.

Person	Singular Personalpronomen	→ Possessivpronomen	Plural Personalpronomen	→ Possessivpronomen
1. Person	ich	→ mein	wir	→ unser
2. Person	du	→ dein	ihr	→ euer
3. Person	er sie es	→ sein → ihr → sein	sie	→ ihr

Ich habe einen Rucksack gekauft. Das ist __________ Rucksack.

Du hast einen Rucksack gekauft. Das ist __________ Rucksack.

Er hat einen Rucksack gekauft. Das ist __________ Rucksack.

Sie hat einen Rucksack gekauft. Das ist __________ Rucksack.

Es hat einen Rucksack gekauft. Das ist __________ Rucksack.

Wir haben einen Rucksack gekauft. Das ist __________ Rucksack.

Ihr habt einen Rucksack gekauft. Das ist __________ Rucksack.

Sie haben einen Rucksack gekauft. Das ist __________ Rucksack.

★ |

2. Da Possessivpronomen wie Artikel von einem Nomen abhängen, erhalten sie eine bestimmte Endung. Lies dir die Übersicht durch. Vergleiche die Deklination mit der des Artikels (S. 9). Kreuze an, was dir auffällt.

Singular

Fall	Formen in allen Geschlechtern
Nominativ: Wer oder was?	mein/dein/sein/ihr/sein/unser/euer/ihr Stift meine/deine/seine/ihre/seine/unsere/eure/ihre Tasche mein/dein/sein/ihr/sein/unser/euer/ihr Buch
Genitiv: Wessen?	meines/deines/seines/ihres/seines/unseres/eures/ihres Stiftes meiner/deiner/seiner/ihrer/seiner/unserer/eurer/ihrer Tasche meines/deines/seines/ihres/seines/unseres/eures/ihres Buches
Dativ: Wem?	meinem/deinem/seinem/ihrem/seinem/unserem/eurem/ihrem Stift meiner/deiner/seiner/ihrer/seiner/unserer/eurer/ihrer Tasche meinem/deinem/seinem/ihrem/seinem/unserem/eurem/ihrem Buch
Akkusativ: Wen oder was?	meinen/deinen/seinen/ihren/seinen/unseren/euren/ihren Stift meine/deine/seine/ihre/seine/unsere/eure/ihre Tasche mein/dein/sein/ihr/sein/unser/euer/ihr Buch

Name: Datum:

Plural

Fall	Formen in allen Geschlechtern
Nominativ: Wer oder was?	meine/deine/seine/ihre/seine/unsere/eure/ihre Stifte / Taschen / Bücher
Genitiv: Wessen?	meiner/deiner/seiner/ihrer/seiner/unserer/eurer/ihrer Stifte / Taschen / Bücher
Dativ: Wem?	meinen/deinen/seinen/ihren/seinen/unseren/euren/ihren Stiften / Taschen / Büchern
Akkusativ: Wen oder was?	meine/deine/seine/ihre/seine/unsere/eure/ihre Stifte / Taschen / Bücher

☐ Die Deklination des Possessivpronomens entspricht im Singular der Deklination des bestimmten Artikels „der, die, das".

☐ Die Deklination des Possessivpronomens entspricht im Singular der Deklination des unbestimmten Artikels „ein, eine, ein".

★★

3. Ergänze das passende Possessivpronomen mit der korrekten Endung.

a) Das ist Selinas Lineal, es ist ____________ Lineal.

b) Das Handy von dir sehe ich nicht. Wo hast du nur ____________ Handy hingelegt?

c) Wir hatten einen CD-Player, wir suchen nach ____________ CD-Player.

d) Der Schal gehört Sophie? Ich habe ____________ Schal auf das Sofa gelegt.

e) Ihr habt Blumen! Ich habe ____________ Blumen schon mitgegossen.

f) Sie besitzen zwei Hunde, das Fell ____________ Hunde ist schwarz.

g) Diese Mütze gehört mir, ____________ Mütze war teuer.

h) Es ist weiß und ____________ Ohren sind lang.

★★★

4. Kreuze an, in welchen Sätzen das Possessivpronomen fehlerhaft verwendet worden ist, und korrigiere die Sätze, indem du das falsche Possessivpronomen durchstreichst und die korrekte Form darüber- oder darunterschreibst.

☐ a) Die Handschuhe gehören Lara? Ich habe sein Handschuhe auf den Tisch gelegt.

☐ b) Mia und Laura besitzen Kakteen. Ich habe ihre Kakteen gegossen.

☐ c) Er trägt einen Pullover. Die Farbe ihren Pullovers ist grün.

Name: Datum:

4 Demonstrativpronomen richtig gebrauchen

★ |

1. Lies dir den Informationstext zuerst durch. Ordne anschließend die Beispielsätze aus dem Kasten der richtigen Gruppe von Demonstrativpronomen zu.

Mit einem Demonstrativpronomen kann man den Bezug zu einer bestimmten Person, Sache oder Aussage ausdrücken. Dabei kann das Demonstrativpronomen „dieser, diese, dieses" als Begleiter eines Nomens auftreten oder als Stellvertreter allein stehen, während die Demonstrativpronomen „das" oder „dies", die sich auf eine bestimmte Aussage beziehen, nur als Stellvertreter allein vorkommen können.

Sie besitzt ein Handy. Das/Dies ist richtig. Sie besitzt ein Handy. Dieses Handy verfügt über mehrere Klingeltöne. Sie besitzt ein Handy. Dieses verfügt über mehrere Klingeltöne.

a) Das Demonstrativpronomen „dieser, diese, dieses" als Begleiter.
Beispiel: Ich habe ein Skateboard. Dieses Skateboard ist neu.

____

____

b) Das Demonstrativpronomen „dieser, diese, dieses" als Stellvertreter.
Beispiel: Ich habe ein Skateboard. Dieses ist neu.

____

____

c) Das Demonstrativpronomen „das" oder „dies" als Stellvertreter.
Beispiel: Er behauptet, dass er ein neues Skateboard hat. Das/Dies stimmt nicht.

____

____

★★ |

2. Ergänze bei Satz a) das Demonstrativpronomen „das" und bei Satz b) das Demonstrativpronomen „dies". Unterstreiche, worauf sich diese Pronomen beziehen. Verdeutliche zudem den Bezug durch einen Pfeil wie oben.

a) Morgen soll es regnen. __________ glaube ich nicht.

b) Sie meint, dass es morgen Regen gibt. __________ denke ich auch.

Name: Datum:

★★ | 👤 👤👤 👤👤👤

3. Ergänze das Demonstrativpronomen „dieser, diese, dieses“ in den Sätzen darunter in der grammatisch korrekten Form. Dabei kannst du die Angaben aus der Tabelle zu Hilfe nehmen.

Fall	**Singular männlich**	**weiblich**	**sächlich**	**Plural alle Geschlechter**
Nominativ: Wer oder was?	dieser	diese	dieses	diese
Genitiv: Wessen?	dieses	dieser	dieses	dieser
Dativ: Wem?	diesem	dieser	diesem	diesen
Akkusativ: Wen oder was?	diesen	diese	dieses	diese

a) Da kommt ein Jugendlicher. Die Haare ____________ Jugendlichen sind bunt gefärbt.

b) Mir ist ein Typ im Park begegnet. ____________ Typen habe ich noch nie gesehen.

c) Ich habe zwei Freundinnen getroffen. ____________ habe ich Chips angeboten.

d) Dort steht Nagellack. Die Farbe ____________ Nagellacks sieht super aus.

e) Er isst Kuchen. ____________ schmeckt ihm gut.

f) Sie hat eine neue Kette. ____________ ist aus Silber.

g) Dort steht der Mann. ____________ habe ich das Eintrittsgeld gegeben.

★★★ | 👤 👤👤 👤👤👤

4. Ergänze das Demonstrativpronomen „dieser, diese, dieses“ oder „dies“ in der richtigen Form.

a) Da vorn kommt ein Zug, vielleicht können wir ____________ nehmen.

b) Ben behauptet, dass das I-Phone teuer war. ____________ glaube ich nicht.

c) Dort steht eine Verkäuferin. Lass uns ____________ fragen!

d) Auf dem Tisch ist noch eine Schüssel. Wahrscheinlich sollen wir ____________ holen.

e) Er will nicht mithelfen. ____________ ärgert mich.

f) Da steht noch ein Veilchen, die Blüte ____________ Veilchens ist jedoch schon welk.

★★★ | 👤 👤👤 👤👤👤

5. Kreuze an, in welchen Sätzen das Demonstrativpronomen „dieser, diese, dieses“ oder „dies“ fehlerhaft verwendet worden ist. Korrigiere die Sätze, indem du das fehlerhafte Demonstrativpronomen durchstreichst und die korrekte Form darüberschreibst.

☐ a) Die Handtaschen diese Mädchen sind pink.

☐ b) Der CD-Player ist nicht hier. Dies kann nicht wahr sein.

☐ c) Sieh mal, der Junge! Die Kleidung diese Jungen sieht auffällig aus!

Lerntheke 2

Name: Datum:

5 Relativpronomen richtig einsetzen

1. Lies dir die Informationen durch und kreuze unten an, was zutrifft.

- Relativpronomen werden verwendet, um die direkte Wiederholung von Artikel und Nomen in einem Nebensatz zu vermeiden.
- Relativpronomen stehen am Anfang eines Nebensatzes und beziehen sich auf ein Nomen im Hauptsatz, das vom Geschlecht (Genus) und von der Anzahl (Numerus) her grammatisch dazu passt.

Beispiele:

Der Mann, der ein Eis in der Hand hält, hat einen witzigen Hut auf.

Die Frau, die dort steht, blickt suchend umher.

Das Handy, das dort liegt, klingelt gerade.

- Was den Fall (Kasus) betrifft, so richtet sich das Relativpronomen jedoch nach der Rolle, die es im Nebensatz spielt, den es einleitet.

Beispiele:

Ich begrüßte den Mann (Akkusativ), der (Nominativ) mir entgegenkam. (Wer oder was kam mir entgegen?)

Ich begrüßte den Mann (Akkusativ), dessen Frau (Genitiv) krank war. (Wessen Frau war krank?)

Ich begrüßte den Mann (Akkusativ), dem (Dativ) ich begegnete. (Wem begegnete ich?)

Ich begrüßte den Mann (Akkusativ), den (Akkusativ) ich noch nie hier gesehen hatte. (Wen oder was hatte ich ich noch nie hier gesehen?)

- Die Deklination des Relativpronomens „der, die, das“ stimmt mit der Deklination des Artikels „der, die, das“ überein. Ausnahme: die Genitivformen. Sie lauten im Singular „dessen, deren, dessen“ und im Plural für alle drei Geschlechter „deren“.

☐ Das Relativpronomen richtet sich in Anzahl und Geschlecht nach dem Bezugsnomen, beim Fall jedoch nach der Rolle, die es im Nebensatz spielt.

☐ Das Relativpronomen richtet sich in Anzahl, Geschlecht und Fall, nach dem Bezugsnomen.

Name: ______ Datum: ______

★★| (icons)

2. Ergänze in den Sätzen die Relativpronomen in der korrekten grammatischen Form. Dabei kannst du die Angaben aus der Tabelle zu Hilfe nehmen.

Fall	Singular männlich	weiblich	sächlich	Plural alle Geschlechter
Nominativ: Wer oder was?	der	die	das	die
Genitiv: Wessen?	dessen	deren	dessen	deren
Dativ: Wem?	dem	der	dem	denen
Akkusativ: Wen oder was?	den	die	das	die

a) Er suchte die Frau, ______ Name auf dem Zettel stand.

→ Wessen Name stand auf dem Zettel?

b) Der Mann, ______ wir gestern geholfen hatten, bedankte sich.

→ Wem hatten wir gestern geholfen?

c) Sie nahm das I-Phone, ______ klingelte.

→ Wer oder was klingelte?

d) Die Jugendlichen hoben den Müll auf, ______ andere dort hingeworfen hatten.

→ Wen oder was hatten andere dort hingeworfen?

★★★|

3. Ergänze die Relativpronomen in der passenden grammatischen Form.

a) Er bat die Leute herein, ______ er sein altes Fahrrad verkaufen wollte.

b) Der Filzstift, ______ Kappe verschwunden ist, schreibt nicht mehr.

c) Der Rucksack, ______ sie dort abgestellt hatte, war plötzlich verschwunden.

d) Der Hausmeister sprach die Jugendliche an, ______ Fahrrad im Weg stand.

e) Lea sah den Jungen wieder, ______ sie neulich in der Disko begegnet war.

f) Charlotte suchte nach dem Schlüssel, ______ sie verlegt hatte.

★★★|

4. Kreuze an, in welchen Sätzen das Relativpronomen fehlerhaft verwendet worden ist. Korrigiere die Sätze, indem du das fehlerhafte Relativpronomen durchstreichst und die korrekte Form darüberschreibst.

☐ a) Jan suchte den Jungen, dem er den Karton mit den Chips gegeben hatte.

☐ b) Laura traf die Freundin wieder, die sie ihren Nagellack geliehen hatte.

☐ c) Tim legte die CDs auf einen Stapel, dessen Hüllen kaputt waren.

Name: Datum:

6 Abschlusstest

Pronomen richtig verwenden: Was hast du dazugelernt?

1. Ergänze das Personalpronomen in der richtigen Form.

a) Seht ________ das Haus? ________ wird gerade angestrichen.

b) Jan kommt mit seinem Skateboard. ________ trägt ________ unter dem Arm.

c) Kannst ________ ________ bitte bei den Aufgaben helfen! ________ sind schwierig.

d) Die Schlüssel sind weg, keiner von ________ dreien hat ________ gesehen.

2. Ergänze die fehlenden Reflexivpronomen in der grammatisch passenden Form.

a) Ich schneide ________ die Nägel.

b) Sie wäscht ________ die Haare.

c) Ihr freut ________ über den Gewinn.

d) Du kämmst ________ die Haare.

e) Wir weigern ________ mitzukommen.

f) Sie föhnen ________ die Haare.

3. Ergänze das passende Possessivpronomen mit der korrekten Endung.

a) Tom hat einen neuen Rucksack. ____________ Rucksack ist grau mit blauer Vortasche.

b) Wir besitzen ein Zelt. Die Farbe ____________ Zeltes ist olivgrün.

c) Dies ist Lauras Kette, es ist ____________ Kette.

d) Ich weiß, der Kaktus gehört euch, deshalb habe ich ____________ Kaktus Wasser gegeben.

4. Ergänze das Demonstrativpronomen „dieser, diese, dieses" oder „dies" in der passenden Form.

a) Dort kommt ein Herr. Wir können ____________ nach dem Weg fragen.

b) Auf der Bank sitzt eine Frau. Die Haare ____________ Frau sind rot gefärbt.

c) Sie hat abgesagt. ____________ ärgert mich sehr.

d) Da sitzt ein Obdachloser. Wir sollten ____________ etwas geben.

5. Ergänze das Relativpronomen „der, die, das" in der passenden grammatischen Form.

a) Sie sah den Freund wieder, ________ sie neulich in der Disko begegnet war.

b) Die Mutter, ________ Sohn kam, freute sich.

c) Er gewann das Spiel, ________ lange gedauert hatte.

d) Der Hausmeister, ________ ich dort gesehen habe, muss neu sein.

Name: Datum:

1 Personalpronomen richtig gebrauchen

★ |

1. Lies dir die Übersicht über die Personalpronomen durch. Kreuze an, was dir bei der dritten Person Singular im Vergleich zu der ersten und zweiten Person Singular auffällt.

Singular

Fall	1. Person	2. Person	3. Person männlich	weiblich	sächlich
Nominativ: Wer oder was?	ich	du	er	sie	es
Genitiv: Wessen?	meiner	deiner	seiner	ihrer	seiner
Dativ: Wem?	mir	dir	ihm	ihr	ihm
Akkusativ: Wen oder was?	mich	dich	ihn	sie	es

Plural

Fall	1. Person	2. Person	3. Person alle drei Geschlechter
Nominativ: Wer oder was?	wir	ihr	sie
Genitiv: Wessen?	unser	euer	ihrer
Dativ: Wem?	uns	euch	ihnen
Akkusativ: Wen oder was?	uns	euch	sie

☐ Bei der dritten Person im Singular und Plural lauten die Formen des Personalpronomens für alle drei Geschlechter gleich.

☒ Bei der dritten Person im Singular muss man aufpassen, da die Formen des Personalpronomens für die verschiedenen Geschlechter unterschiedlich lauten.

★★ |

2. Ergänze bei den Beispielsätzen mithilfe der Fragen für die einzelnen Fälle die fehlenden Personalpronomen im Singular (Einzahl) und im Plural (Mehrzahl). Dabei kannst du die Tabelle oben zu Hilfe nehmen.

Fall	1. Person	2. Person
Nominativ: Wer oder was?	Ja, ich lese. Ja, wir beide lesen.	Gut, du liest. Gut, ihr beide lest.
Genitiv: Wessen?	Die Leute gedenken meiner. Die Leute gedenken unser.	Die Leute gedenken deiner. Die Leute gedenken euer.
Dativ: Wem?	Gib mir das Handy! Gib uns beiden das Handy!	Gut, dir gefällt es. Gut, euch beiden gefällt es.
Akkusativ: Wen oder was?	Jemand sucht mich. Jemand sucht uns beide.	Jemand sucht dich. Jemand sucht euch beide.

Lösungen – Lerntheke 2

Name: Datum:

Fall	3. Person männlich/weiblich/sächlich
Nominativ: Wer oder was?	Sieh mal, er / sie / es lacht! Sieh, sie / sie / sie lachen.
Genitiv: Wessen?	Die Leute gedenken seiner / ihrer / seiner. Die Leute gedenken ihrer / ihrer / ihrer.
Dativ: Wem?	Der Mann gibt ihm / ihr / ihm das Buch. Der Mann gibt ihnen / ihnen / ihnen das Buch.
Akkusativ: Wen oder was?	Jonas trifft ihn / sie / es im Park. Jonas trifft sie / sie / sie im Park.

3. Ersetze bei den folgenden Sätzen das unterstrichene Nomen durch ein Personalpronomen. Schreibe die Sätze damit auf.

a) Die Jugendlichen geben das Geld dem Kellner.

Sie geben es ihm.

b) Das Mädchen sucht nach der Mutter und dem Vater.

Es sucht nach ihr und ihm.

c) Die Schülerin schreibt der Lehrerin und dem Lehrer eine E-Mail.

Sie schreibt ihr und ihm eine E-Mail.

d) Der Schüler putzt den Klassenraum und die Mensa.

Er putzt ihn und sie.

4. Kreuze an, bei welchen Sätzen die Personalpronomen fehlerhaft verwendet werden. Korrigiere diese Sätze, indem du die falschen Personalpronomen durchstreichst und die richtige Form darüberschreibst.

- [x] a) Die Verkäuferin gibt ~~mich~~ mir das Wechselgeld zurück.
- [ ] b) Das glaube ich dir nicht.
- [x] c) Der Junge rennt zum Bus, ~~sie~~ er bekommt ~~es~~ ihn nicht mehr.
- [x] d) Die Jugendliche sieht den Kunstlehrer, ~~es~~ sie gibt ~~ihn~~ ihm das Bild.

Lösungen – Lerntheke 2

Name: Datum:

2 Reflexivpronomen richtig benutzen

★ | Einzelarbeit, Partnerarbeit, Gruppenarbeit

1. Lies dir die Formen der Reflexivpronomen in der Tabelle durch. Ergänze sie in den Beispielsätzen. Die angegebenen Personalpronomen „ich, du, er, sie, es, wir, ihr, sie" helfen dir dabei.

Dativ: Wem? **Singular**	**Plural**	**Akkusativ: Wen oder was?** **Singular**	**Plural**
ich → mir	wir → uns	ich → mich	wir → uns
du → dir	ihr → euch	du → dich	ihr → euch
er → sich sie → sich es → sich	sie → sich	er → sich sie → sich es → sich	sie → sich

Dativ: Wem?	**Akkusativ: Wen oder was?**
Ich kämme *mir* die Haare.	Ich kämme *mich*.
Du kämmst *dir* die Haare.	Du kämmst *dich*.
Er kämmt *sich* die Haare. Sie kämmt *sich* die Haare. Es kämmt *sich* die Haare.	Er kämmt *sich*. Sie kämmt *sich*. Es kämmt *sich*.
Wir kämmen *uns* die Haare.	Wir kämmen *uns*.
Ihr kämmt *euch* die Haare.	Ihr kämmt *euch*.
Sie kämmen *sich* die Haare.	Sie kämmen *sich*.

★★ | Einzelarbeit, Partnerarbeit, Gruppenarbeit

2. Ergänze die fehlenden Reflexivpronomen in der grammatisch passenden Form.

a) Wir haben *uns* gewaschen.

b) Laura schminkt *sich*.

c) Du schadest *dir* damit.

d) Ich ziehe *mich* noch schnell um.

e) Ihr föhnt *euch* noch die Haare.

f) Sie haben *sich* eingecremt.

★★★ | Einzelarbeit, Partnerarbeit, Gruppenarbeit

3. Kreuze an, bei welchen Sätzen die Personalpronomen fehlerhaft gebraucht werden. Korrigiere diese Sätze, indem du die falschen Personalpronomen durchstreichst und die richtige Form darüber- oder darunterschreibst.

☐ a) Er hat sich selbst fotografiert.

☒ b) Du hast ~~dich~~ *dir* den Arm verletzt.

☒ c) Ich sehe ~~mir~~ *mich* im Spiegel.

☒ d) Wir schämen ~~sich~~ *uns*.

Lösungen – Lerntheke 2

Name: Datum:

3 Possessivpronomen richtig verwenden

★ |

1. Ergänze mithilfe der Tabelle die passenden Possessivpronomen.

Person	Singular Personalpronomen	→ Possessivpronomen	Plural Personalpronomen	→ Possessivpronomen
1. Person	ich	→ mein	wir	→ unser
2. Person	du	→ dein	ihr	→ euer
3. Person	er sie es	→ sein → ihr → sein	sie	→ ihr

Ich habe einen Rucksack gekauft. Das ist *mein* Rucksack.

Du hast einen Rucksack gekauft. Das ist *dein* Rucksack.

Er hat einen Rucksack gekauft. Das ist *sein* Rucksack.

Sie hat einen Rucksack gekauft. Das ist *ihr* Rucksack.

Es hat einen Rucksack gekauft. Das ist *sein* Rucksack.

Wir haben einen Rucksack gekauft. Das ist *unser* Rucksack.

Ihr habt einen Rucksack gekauft. Das ist *euer* Rucksack.

Sie haben einen Rucksack gekauft. Das ist *ihr* Rucksack.

★ |

2. Da Possessivpronomen wie Artikel von einem Nomen abhängen, erhalten sie eine bestimmte Endung. Lies dir die Übersicht durch. Vergleiche die Deklination mit der des Artikels (S. 9). Kreuze an, was dir auffällt.

Singular

Fall	Formen in allen Geschlechtern
Nominativ: Wer oder was?	mein/dein/sein/ihr/sein/unser/euer/ihr Stift meine/deine/seine/ihre/seine/unsere/eure/ihre Tasche mein/dein/sein/ihr/sein/unser/euer/ihr Buch
Genitiv: Wessen?	meines/deines/seines/ihres/seines/unseres/eures/ihres Stiftes meiner/deiner/seiner/ihrer/seiner/unserer/eurer/ihrer Tasche meines/deines/seines/ihres/seines/unseres/eures/ihres Buches
Dativ: Wem?	meinem/deinem/seinem/ihrem/seinem/unserem/eurem/ihrem Stift meiner/deiner/seiner/ihrer/seiner/unserer/eurer/ihrer Tasche meinem/deinem/seinem/ihrem/seinem/unserem/eurem/ihrem Buch
Akkusativ: Wen oder was?	meinen/deinen/seinen/ihren/seinen/unseren/euren/ihren Stift meine/deine/seine/ihre/seine/unsere/eure/ihre Tasche mein/dein/sein/ihr/sein/unser/euer/ihr Buch

Name: Datum:

Plural

Fall	Formen in allen Geschlechtern
Nominativ: Wer oder was?	meine/deine/seine/ihre/seine/unsere/eure/ihre Stifte Taschen Bücher
Genitiv: Wessen?	meiner/deiner/seiner/ihrer/seiner/unserer/eurer/ihrer Stifte Taschen Bücher
Dativ: Wem?	meinen/deinen/seinen/ihren/seinen/unseren/euren/ihren Stiften Taschen Büchern
Akkusativ: Wen oder was?	meine/deine/seine/ihre/seine/unsere/eure/ihre Stifte Taschen Bücher

☐ Die Deklination des Possessivpronomens entspricht im Singular der Deklination des bestimmten Artikels „der, die, das".

☒ Die Deklination des Possessivpronomens entspricht im Singular der Deklination des unbestimmten Artikels „ein, eine, ein".

★★ |

3. Ergänze das passende Possessivpronomen mit der korrekten Endung.

a) Das ist Selinas Lineal, es ist ihr Lineal.

b) Das Handy von dir sehe ich nicht. Wo hast du nur dein Handy hingelegt?

c) Wir hatten einen CD-Player, wir suchen nach unserem CD-Player.

d) Der Schal gehört Sophie? Ich habe ihren Schal auf das Sofa gelegt.

e) Ihr habt Blumen! Ich habe eure Blumen schon mitgegossen.

f) Sie besitzen zwei Hunde, das Fell ihrer Hunde ist schwarz.

g) Diese Mütze gehört mir, meine Mütze war teuer.

h) Es ist weiß und seine Ohren sind lang.

★★★ |

4. Kreuze an, in welchen Sätzen das Possessivpronomen fehlerhaft verwendet worden ist, und korrigiere die Sätze, indem du das falsche Possessivpronomen durchstreichst und die korrekte Form darüber- oder darunterschreibst.

☒ a) Die Handschuhe gehören Lara? Ich habe ~~sein~~ ihre Handschuhe auf den Tisch gelegt.

☐ b) Mia und Laura besitzen Kakteen. Ich habe ihre Kakteen gegossen.

☒ c) Er trägt einen Pullover. Die Farbe ~~ihren~~ seines Pullovers ist grün.

Lösungen – Lerntheke 2

Name: Datum:

4 Demonstrativpronomen richtig gebrauchen

★ | 👤 👥 👥👤

1. Lies dir den Informationstext zuerst durch. Ordne anschließend die Beispielsätze aus dem Kasten der richtigen Gruppe von Demonstrativpronomen zu.

Mit einem Demonstrativpronomen kann man den Bezug zu einer bestimmten Person, Sache oder Aussage ausdrücken. Dabei kann das Demonstrativpronomen „dieser, diese, dieses" als Begleiter eines Nomens auftreten oder als Stellvertreter allein stehen, während die Demonstrativpronomen „das" oder „dies", die sich auf eine bestimmte Aussage beziehen, nur als Stellvertreter allein vorkommen können.

> Sie besitzt ein Handy. Das/Dies ist richtig.
> Sie besitzt ein Handy. Dieses Handy verfügt über mehrere Klingeltöne.
> Sie besitzt ein Handy. Dieses verfügt über mehrere Klingeltöne.

a) Das Demonstrativpronomen „dieser, diese, dieses" als Begleiter.
Beispiel: Ich habe ein Skateboard. Dieses Skateboard ist neu.

Sie besitzt ein Handy. Dieses Handy verfügt über mehrere Klingeltöne.

b) Das Demonstrativpronomen „dieser, diese, dieses" als Stellvertreter.
Beispiel: Ich habe ein Skateboard. Dieses ist neu.

Sie besitzt ein Handy. Dieses verfügt über mehrere Klingeltöne.

c) Das Demonstrativpronomen „das" oder „dies" als Stellvertreter.
Beispiel: Er behauptet, dass er ein neues Skateboard hat. Das/Dies stimmt nicht.

Sie besitzt ein Handy. Das/Dies ist richtig.

★★ | 👤 👥 👥👤

2. Ergänze bei Satz a) das Demonstrativpronomen „das" und bei Satz b) das Demonstrativpronomen „dies". Unterstreiche, worauf sich diese Pronomen beziehen. Verdeutliche zudem den Bezug durch einen Pfeil wie oben.

a) Morgen soll es regnen. Das glaube ich nicht.

b) Sie meint, dass es morgen Regen gibt. Dies denke ich auch.

Lösungen – Lerntheke 2

Name: Datum:

★★ | 👤 👥 👥👤

3. Ergänze das Demonstrativpronomen „dieser, diese, dieses“ in den Sätzen darunter in der grammatisch korrekten Form. Dabei kannst du die Angaben aus der Tabelle zu Hilfe nehmen.

Fall	Singular männlich	weiblich	sächlich	Plural alle Geschlechter
Nominativ: Wer oder was?	dieser	diese	dieses	diese
Genitiv: Wessen?	dieses	dieser	dieses	dieser
Dativ: Wem?	diesem	dieser	diesem	diesen
Akkusativ: Wen oder was?	diesen	diese	dieses	diese

a) Da kommt ein Jugendlicher. Die Haare dieses Jugendlichen sind bunt gefärbt.

b) Mir ist ein Typ im Park begegnet. Diesen Typen habe ich noch nie gesehen.

c) Ich habe zwei Freundinnen getroffen. Diesen habe ich Chips angeboten.

d) Dort steht Nagellack. Die Farbe dieses Nagellacks sieht super aus.

e) Er isst Kuchen. Dieser schmeckt ihm gut.

f) Sie hat eine neue Kette. Diese ist aus Silber.

g) Dort steht der Mann. Diesem habe ich das Eintrittsgeld gegeben.

★★★ | 👤 👥 👥👤

4. Ergänze das Demonstrativpronomen „dieser, diese, dieses“ oder „dies“ in der richtigen Form.

a) Da vorn kommt ein Zug, vielleicht können wir diesen nehmen.

b) Ben behauptet, dass das I-Phone teuer war. Dies glaube ich nicht.

c) Dort steht eine Verkäuferin. Lass uns diese fragen!

d) Auf dem Tisch ist noch eine Schüssel. Wahrscheinlich sollen wir diese holen.

e) Er will nicht mithelfen. Dies ärgert mich.

f) Da steht noch ein Veilchen, die Blüte dieses Veilchens ist jedoch schon welk.

★★★ | 👤 👥 👥👤

5. Kreuze an, in welchen Sätzen das Demonstrativpronomen „dieser, diese, dieses“ oder „dies“ fehlerhaft verwendet worden ist. Korrigiere die Sätze, indem du das fehlerhafte Demonstrativpronomen durchstreichst und die korrekte Form darüberschreibst.

[x] a) Die Handtaschen ~~diese~~ dieser Mädchen sind pink.

[ ] b) Der CD-Player ist nicht hier. Dies kann nicht wahr sein.

[x] c) Sieh mal, der Junge! Die Kleidung ~~diese~~ dieses Jungen sieht auffällig aus!

Name: Datum:

5 Relativpronomen richtig einsetzen

1. Lies dir die Informationen durch und kreuze unten an, was zutrifft.

- Relativpronomen werden verwendet, um die direkte Wiederholung von Artikel und Nomen in einem Nebensatz zu vermeiden.
- Relativpronomen stehen am Anfang eines Nebensatzes und beziehen sich auf ein Nomen im Hauptsatz, das vom Geschlecht (Genus) und von der Anzahl (Numerus) her grammatisch dazu passt.

Beispiele:

Der Mann, der ein Eis in der Hand hält, hat einen witzigen Hut auf.

Die Frau, die dort steht, blickt suchend umher.

Das Handy, das dort liegt, klingelt gerade.

- Was den Fall (Kasus) betrifft, so richtet sich das Relativpronomen jedoch nach der Rolle, die es im Nebensatz spielt, den es einleitet.

Beispiele:

Ich begrüßte den Mann, der mir entgegenkam. (Wer oder was kam mir entgegen?)
Akkusativ – Nominativ

Ich begrüßte den Mann, dessen Frau krank war. (Wessen Frau war krank?)
Akkusativ – Genitiv

Ich begrüßte den Mann, dem ich begegnete. (Wem begegnete ich?)
Akkusativ – Dativ

Ich begrüßte den Mann, den ich noch nie hier gesehen hatte. (Wen oder was hatte ich ich noch nie hier gesehen?)
Akkusativ – Akkusativ

- Die Deklination des Relativpronomens „der, die, das" stimmt mit der Deklination des Artikels „der, die, das" überein. Ausnahme: die Genitivformen. Sie lauten im Singular „dessen, deren, dessen" und im Plural für alle drei Geschlechter „deren".

☒ Das Relativpronomen richtet sich in Anzahl und Geschlecht nach dem Bezugsnomen, beim Fall jedoch nach der Rolle, die es im Nebensatz spielt.

☐ Das Relativpronomen richtet sich in Anzahl, Geschlecht und Fall, nach dem Bezugsnomen.

Lösungen – Lerntheke 2

Name: Datum:

★★| 👤 👤👤 👤👤👤

2. Ergänze in den Sätzen die Relativpronomen in der korrekten grammatischen Form. Dabei kannst du die Angaben aus der Tabelle zu Hilfe nehmen.

Fall	Singular männlich	weiblich	sächlich	Plural alle Geschlechter
Nominativ: Wer oder was?	der	die	das	die
Genitiv: Wessen?	dessen	deren	dessen	deren
Dativ: Wem?	dem	der	dem	denen
Akkusativ: Wen oder was?	den	die	das	die

a) Er suchte die Frau, deren Name auf dem Zettel stand.
→ Wessen Name stand auf dem Zettel?

b) Der Mann, dem wir gestern geholfen hatten, bedankte sich.
→ Wem hatten wir gestern geholfen?

c) Sie nahm das I-Phone, das klingelte.
→ Wer oder was klingelte?

d) Die Jugendlichen hoben den Müll auf, den andere dort hingeworfen hatten.
→ Wen oder was hatten andere dort hingeworfen?

★★★| 👤 👤👤 👤👤👤

3. Ergänze die Relativpronomen in der passenden grammatischen Form.

a) Er bat die Leute herein, denen er sein altes Fahrrad verkaufen wollte.

b) Der Filzstift, dessen Kappe verschwunden ist, schreibt nicht mehr.

c) Der Rucksack, den sie dort abgestellt hatte, war plötzlich verschwunden.

d) Der Hausmeister sprach die Jugendliche an, deren Fahrrad im Weg stand.

e) Lea sah den Jungen wieder, dem sie neulich in der Disko begegnet war.

f) Charlotte suchte nach dem Schlüssel, den sie verlegt hatte.

★★★| 👤 👤👤 👤👤👤

4. Kreuze an, in welchen Sätzen das Relativpronomen fehlerhaft verwendet worden ist. Korrigiere die Sätze, indem du das fehlerhafte Relativpronomen durchstreichst und die korrekte Form darüberschreibst.

☐ a) Jan suchte den Jungen, dem er den Karton mit den Chips gegeben hatte.

☒ b) Laura traf die Freundin wieder, ~~die~~ der sie ihren Nagellack geliehen hatte.

☒ c) Tim legte die CDs auf einen Stapel, ~~dessen~~ deren Hüllen kaputt waren.

Lösungen – Lerntheke 2

Name: Datum:

6 Abschlusstest

Pronomen richtig verwenden: Was hast du dazugelernt?

1. Ergänze das Personalpronomen in der richtigen Form.

a) Seht ihr das Haus? Es wird gerade angestrichen.

b) Jan kommt mit seinem Skateboard. Er trägt es unter dem Arm.

c) Kannst du mir bitte bei den Aufgaben helfen! Sie sind schwierig.

d) Die Schlüssel sind weg, keiner von uns dreien hat sie gesehen.

2. Ergänze die fehlenden Reflexivpronomen in der grammatisch passenden Form.

a) Ich schneide mir die Nägel.

b) Sie wäscht sich die Haare.

c) Ihr freut euch über den Gewinn.

d) Du kämmst dir die Haare.

e) Wir weigern uns mitzukommen.

f) Sie föhnen sich die Haare.

3. Ergänze das passende Possessivpronomen mit der korrekten Endung.

a) Tom hat einen neuen Rucksack. Sein Rucksack ist grau mit blauer Vortasche.

b) Wir besitzen ein Zelt. Die Farbe unseres Zeltes ist olivgrün.

c) Dies ist Lauras Kette, es ist ihre Kette.

d) Ich weiß, der Kaktus gehört euch, deshalb habe ich eurem Kaktus Wasser gegeben.

4. Ergänze das Demonstrativpronomen „dieser, diese, dieses" oder „dies" in der passenden Form.

a) Dort kommt ein Herr. Wir können diesen nach dem Weg fragen.

b) Auf der Bank sitzt eine Frau. Die Haare dieser Frau sind rot gefärbt.

c) Sie hat abgesagt. Dies ärgert mich sehr.

d) Da sitzt ein Obdachloser. Wir sollten diesem etwas geben.

5. Ergänze das Relativpronomen „der, die, das" in der passenden grammatischen Form.

a) Sie sah den Freund wieder, dem sie neulich in der Disko begegnet war.

b) Die Mutter, deren Sohn kam, freute sich.

c) Er gewann das Spiel, das lange gedauert hatte.

d) Der Hausmeister, den ich dort gesehen habe, muss neu sein.

Lösungen – Lerntheke 2

Lerntheke 3
Unregelmäßige Verbformen

Der folgenden Übersicht kannst du entnehmen, welche Übungsaspekte dir bei dieser Lerntheke an welcher Station angeboten werden. Hake die einzelnen Stationen ab, nachdem du sie erledigt hast. So behältst du den Überblick, welche Stationen du schon bearbeitet hast und welche noch nicht.

Tipp: Erledige zuerst die Stationen 1 bis 4 und anschließend die Station 5. So wird dir die Bearbeitung leichter fallen. Führe zuletzt den Abschlusstest durch und überprüfe damit selbst, ob du das zuvor Gelernte nun beherrschst.

Übersicht

Station	Thema	Erledigt?
1	Unregelmäßige Präsensformen	
2	Unregelmäßige Präteritumsformen	
3	Unregelmäßige Perfektformen	
4	Unregelmäßige Imperativformen	
5	Unregelmäßige Präteritumsformen, die man nicht verwechseln sollte	
6	Abschlusstest	

Name: Datum:

1 Unregelmäßige Präsensformen

1. Ordne die Präsensformen aus den Boxen in der Er-Form den passenden Infinitiven zu. Beachte, dass die Er-Form auch für „sie" in der Einzahl und „es" gilt.

Unregelmäßige Präsensformen mit „a"/„au" im Infinitiv, aus denen „ä"/„äu" wird

wächst ♦ brät ♦ säuft ♦ lädt ♦ vergräbt ♦ wäscht ♦ fängt ♦ schläft ♦ bläst ♦ fällt ♦ rät ♦ fährt ♦ läuft ♦ lässt ♦ trägt ♦ hält ♦ bäckt

raten: er ______ fangen: er ______ tragen: er ______

backen: er ______ braten: er ______ vergraben: er ______

laufen: er ______ saufen: er ______ waschen: er ______

laden: er ______ lassen: er ______ fahren: er ______

fallen: er ______ wachsen: er ______ blasen: er ______

schlafen: er ______ halten: er ______

Unregelmäßige Präsensformen mit „e" im Infinitiv, das zu „i" wird

nimmt ♦ frisst ♦ verdirbt ♦ wirbt ♦ spricht ♦ wirft ♦ stirbt ♦ flicht ♦ verbirgt ♦ bricht ♦ isst ♦ gibt ♦ hilft ♦ trifft ♦ vergisst

verbergen: er ______ helfen: er ______ sterben: er ______

verderben: er ______ werben: er ______ treffen: er ______

vergessen: er ______ brechen: er ______ flechten: er ______

werfen: er ______ fressen: er ______ nehmen: er ______

geben: er ______ sprechen: er ______ essen: er ______

Sonderformen

geschieht ♦ kann ♦ empfiehlt ♦ will ♦ befiehlt ♦ ist ♦ stiehlt ♦ stößt ♦ liest ♦ sieht ♦ weiß ♦ mag

mögen: er ______ sehen: er ______ stoßen: er ______

befehlen: er ______ sein: er ______ stehlen: er ______

wissen: er ______ geschehen: es ______ können: er ______

empfehlen: er ______ lesen: er ______ wollen: er ______

Name: ______ Datum: ______

★★ | 👤 👥 👥👤

2. Ergänze bei den Sätzen die Präsensform des in Klammern stehenden Verbs.

a) Lara __________ (erraten) das gesuchte Wort sofort.

b) Tom __________ (nehmen) die große Portion Pommes frites.

c) Nora __________ (sprechen) gut Englisch.

d) Daniel __________ (wissen) nicht, wo sein I-Phone __________ (sein).

e) Marlene __________ (sehen) in dem Kleid sehr gut aus.

f) Der Spieler __________ (werfen) den Ball und dieser __________ (fallen) in den Korb.

g) Selina __________ (laufen) durch den Wald.

h) Der Dieb __________ (stehlen) das Portemonnaie.

i) Er __________ (verbergen) sein Gesicht.

j) Es __________ (geschehen) ein Wunder.

★★★ | 👤 👥 👥👤

3. Überlege, welches Verb aus dem Kasten in welchen Satz passt. Ergänze das Verb in der korrekten Präsensform in der passenden Lücke.

treffen ♦ blasen ♦ lesen ♦ fressen ♦ befehlen ♦ essen

a) Laura __________ gerne Krimis und Tierbücher.

b) Paul __________ gerade Chips.

c) Yannik __________ Maik in der Stadt.

d) Der Chef __________ seinen Angestellten, schneller zu arbeiten.

e) Der Wind __________ um die Häuser.

f) Der Hund __________ gierig sein Futter.

★★★ | 👤 👥 👥👤

4. Kreuze an, welche zwei der vier Sätze falsche Präsensformen enthalten. Schreibe diese Sätze verbessert auf.

☐ a) Er will nach Berlin fahren.

☐ b) Das Auto haltet vor der Ampel an.

☐ c) Jan werbt um die hübsche Lea.

☐ d) Schnee fällt vom Himmel.

______

______

______

Lerntheke 3

Name: Datum:

2 Unregelmäßige Präteritumsformen

★ | 👤 👥 👥👤

1. Übernimm die folgende Tabelle in dein Heft. Schreibe zuerst in der Infinitivspalte alle angegebenen Infinitivformen untereinander auf. Ordne anschließend die Präteritumsformen aus dem Kasten den Infinitivformen zu.

Beispiel:

Infinitivform	Präteritumsform Er/Sie/Es-Form
senden	sandte

sein, streiten, brennen, befehlen, treiben, brechen, schieben, schneiden, messen, bleiben, verderben, fressen, stechen, klingen, streichen, essen, laufen, wissen, stinken, schmeißen, wiegen, greifen, gießen, scheinen, braten, kommen, riechen, blasen, zwingen, sterben, schwimmen, stoßen, hängen, graben, empfehlen, binden, bergen, meiden, gebären, erschrecken, leihen, trinken, treten, sinken, leiden, werfen, sitzen, biegen, pfeifen, fangen, fließen, steigen, genießen, waschen, geben, singen, rufen, fallen, können, lügen, schreiben, raten, bitten, ziehen, schießen, stehen, denken, stehlen, reißen, lesen, gewinnen, springen, fliehen, beginnen, treffen, sehen, müssen, halten, reiten, heißen, dürfen, wachsen, kriechen, schleichen, schlagen, haben, laden, fliegen, bringen

schlich ♦ blieb ♦ mied ♦ maß ♦ schnitt ♦ schob ♦ brach ♦ trieb ♦ befahl ♦ brannte ♦ stritt ♦ lieh ♦ kroch ♦ trank ♦ wusste ♦ trat ♦ schlug ♦ sank ♦ hatte ♦ litt ♦ lud ♦ warf ♦ saß ♦ fiel ♦ hielt ♦ zwang ♦ ritt ♦ hieß ♦ brachte ♦ durfte ♦ gebar ♦ wuchs ♦ erschrak ♦ empfahl ♦ floh ♦ grub ♦ begann ♦ hing ♦ traf ♦ stieß ♦ sah ♦ schwamm ♦ musste ♦ starb ♦ bat ♦ aß ♦ schoss ♦ dachte ♦ flog ♦ las ♦ barg ♦ gewann ♦ band ♦ sprang ♦ lief ♦ floss ♦ briet ♦ genoss ♦ roch ♦ gab ♦ blies ♦ rief ♦ konnte ♦ fraß ♦ schrieb ♦ klang ♦ verdarb ♦ riet ♦ stach ♦ zog ♦ strich ♦ stand ♦ stahl ♦ stank ♦ riss ♦ wog ♦ pfiff ♦ goss ♦ bog ♦ schmiss ♦ fing ♦ griff ♦ stieg ♦ schien ♦ wusch ♦ kam ♦ sang ♦ war ♦ log

Lerntheke 3

Name: Datum:

★★ |

2. Ergänze bei den Sätzen die Präteritumsform zu den Infinitiven in Klammern.

a) Anton ______________ (lesen) den Zettel und ______________ (beginnen) zu lachen.

b) Der Dieb ______________ (stehlen) das Fahrrad und ______________ (fahren) davon.

c) Das Auto ______________ (halten) und Lisa ______________ (steigen) aus.

d) Obwohl die Sonne ______________ (scheinen), ______________ (frieren) Daniel.

e) Er ______________ (springen) aus dem Bett und ______________ (laufen) zum Fenster.

f) Sie ______________ (gehen) hinaus und ______________ (schreiben) ihm eine Nachricht.

g) Paul ______________ (bleiben) stehen und ______________ (schweigen).

h) Er ____________ (braten) den Fisch und die ganze Küche ____________ (riechen) danach.

i) Tom ____________ (greifen) in die Lostrommel und ____________ (ziehen) den Hauptgewinn.

★★★ |

3. Forme den mündlichen Bericht des Jungen in einen schriftlichen Bericht um: Wandle die Verbformen aus dem Perfekt ins Präteritum um. Schreibe anschließend den Text so auf.

„Gestern habe ich Sophie vor dem Kino getroffen. Sie hat vor einem Schaukasten gestanden und hat sich die Filmplakate angesehen. Zunächst hat sie geschwiegen, als ich sie angesprochen habe. Doch als ich sie ins Kino eingeladen habe, hat sie angefangen zu lächeln und ist sofort einverstanden gewesen, in den neuen Film „Die Superhelden" zu gehen. Während des Films habe ich es genossen, dass sie neben mir gesessen hat. Nach der Vorstellung haben wir noch ein Eis zusammen gegessen, ehe ich sie nach Hause gebracht habe."

____

____

____

____

____

____

____

____

★★★ |

4. Unterstreiche zuerst, welche vier der sechs Präteritumsformen falsch sind. Schreibe sie anschließend verbessert auf.

er waschte – er pfeifte – er lachte – er kriechte – er denkte – er trödelte

____

Name: Datum:

3 Unregelmäßige Perfektformen

★ |

1. Ordne den Infinitiven die passende Perfektform aus dem Kasten zu.

ist geflohen ♦ hat geschossen ♦ ist geflogen ♦ hat geschlossen ♦ hat gesessen ♦ ist geschwommen ♦ hat gesungen ♦ hat geschrien ♦ ist gestiegen ♦ hat geschrieben ♦ ist gesprungen ♦ ist geflossen ♦ hat gestanden ♦ ist gewesen ♦ hat gestohlen ♦ hat gesprochen ♦ hat gefunden ♦ hat gelegen ♦ hat empfohlen ♦ hat gelogen ♦ hat gebrannt ♦ hat genommen ♦ hat gedacht ♦ hat gelitten ♦ hat geschienen ♦ hat gebracht ♦ hat gewogen ♦ hat gewusst ♦ hat verloren ♦ hat gezogen ♦ hat gehoben ♦ ist geblieben ♦ hat gebissen ♦ hat geboren ♦ hat gebeten ♦ hat gewonnen ♦ hat befohlen ♦ hat gegossen ♦ hat begonnen ♦ ist abgebogen ♦ hat geholfen ♦ ist gegangen ♦ hat geliehen ♦ hat geworben ♦ hat bestritten ♦ ist ausgebrochen ♦ hat getroffen ♦ hat geworfen ♦ hat getrunken ♦ ist gestorben ♦ ist geworden ♦ hat gezwungen

beißen: er ______________________

abbiegen: er ______________________

befehlen: er ______________________

beginnen: er ______________________

bitten: er ______________________

bringen: er ______________________

denken: er ______________________

bleiben: er ______________________

ausbrechen: er ______________________

brennen: es ______________________

fliegen: er ______________________

fliehen: er ______________________

empfehlen: er ______________________

finden: er ______________________

fließen: er ______________________

sitzen: er ______________________

springen: er ______________________

schreien: er ______________________

gewinnen: er ______________________

gießen: er ______________________

gebären: sie ______________________

gehen: er ______________________

heben: er ______________________

liegen: er ______________________

lügen: er ______________________

helfen: er ______________________

leiden: er ______________________

leihen: er ______________________

schießen: er ______________________

schließen: er ______________________

nehmen: er ______________________

scheinen: sie ______________________

schreiben: er ______________________

sprechen: er ______________________

stehen: er ______________________

schwimmen: er ______________________

Lerntheke 3

Name: Datum:

sein: er ______ singen: er ______

stehlen: er ______ steigen: er ______

sterben: er ______ bestreiten: er ______

treffen: er ______ trinken: er ______

wissen: er ______ ziehen: er ______

zwingen: er ______ werden: es ______

verlieren: er ______ werben: er ______

werfen: er ______ wiegen: er ______

★★

2. Ergänze bei den Sätzen die Perfektformen zu den Infinitiven in Klammern.

Tipp: Bei Verben der Vorwärtsbewegung muss vorn die Präsensform von „sein" gewählt werden, ansonsten die von „haben".

a) Johanna ______ das Spiel ______ (gewinnen).

b) Mario ______ schon ______ (gehen).

c) Jonas ______ deine Handynummer nicht ______ (wissen).

d) Selina ______ Marlene in der Stadt ______ (treffen).

e) Mia ______ durch den Fluss ______ (schwimmen).

f) Paul ______ über das Gartentor ______ (steigen).

g) Dennis ______ sich das Buch ______ (ausleihen).

h) Anna ______ ein Tor ______ (schießen).

★★★

3. Kreuze zuerst die falschen Perfektformen an. Schreibe sie anschließend verbessert auf.

a) ☐ er hat gezogen
b) ☐ er hat geschreibt
c) ☐ er hat gewerft
d) ☐ er hat geholfen
e) ☐ er hat zerreißt
f) ☐ er ist gelaufen
g) ☐ er hat gebeißt
h) ☐ er hat gefindet
i) ☐ er hat gerannt
j) ☐ er hat gesprecht
k) ☐ er hat gerochen
l) ☐ er ist gesinkt

______

______

______

______

______

______

Lerntheke 3

Name: Datum:

4 Unregelmäßige Imperativformen

★ | 👤 👥 👥👤

1. Lies dir zuerst die Informationen im Merkkasten durch. Kreuze dann an, welche Aussage stimmt.

> Bei Verben mit dem Vokal „e“ im Infinitiv, wie z. B. „geben“ oder „sehen“, musst du bei der Bildung des Imperativs, der Befehlsform, im Singular aufpassen. Bei manchen dieser Verben wechselt der Vokal: Aus dem „e“ wird ein „i“ oder „ie“, wie z. B. bei der Befehlsform „gib“ von „geben“ oder „sieh“ von „sehen“. Der Imperativ von „sein“ bildet eine Ausnahme und lautet „sei“.

- ☐ Manche Verben mit „e“ im Infinitiv wechseln den Vokal, aber nur bei der Bildung des Imperativs im Plural.
- ☐ Alle Verben mit „e“ im Infinitiv wechseln den Vokal, aber nur bei der Bildung des Imperativs im Singular.
- ☐ Manche Verben mit „e“ im Infinitiv wechseln den Vokal, aber nur bei der Bildung des Imperativs im Singular.

★ | 👤 👥 👥👤

2. Finde heraus, welche Imperativform im Singular aus dem Kasten zu welchem Infinitiv gehört. Trage den Imperativ an der passenden Stelle ein.

> vergiss! ♦ gib! ♦ unterbrich! ♦ miss! ♦ versprich! ♦ sei! ♦ hilf! ♦ nimm! ♦ iss! ♦ lies! ♦ wirf! ♦ sieh! ♦ empfiehl! ♦ sprich!

a) empfehlen: ______	f) sein: ______	k) versprechen: ______
b) lesen: ______	g) essen: ______	l) helfen: ______
c) unterbrechen: ______	h) sprechen: ______	m) messen: ______
d) sehen: ______	i) geben: ______	n) vergessen: ______
e) nehmen: ______	j) werfen: ______	

★★★ | 👤 👥 👥👤

3. Ergänze bei den Sätzen die korrekte Imperativform im Singular zu den Infinitiven in Klammern.

a) ______ (nehmen) bitte die leeren Flaschen mit!

b) ______ (versprechen), uns anzurufen, wenn du da bist!

c) ______ (sehen) mal, was ich hier in der Hand habe!

d) ______ (messen) nach, wie breit der Schreibtisch ist!

e) ______ (werfen) den Abfall in die Mülltonne!

f) ______ (sprechen) bitte lauter!

Lerntheke 3

Name: Datum:

g) ______________ (vergessen) nicht, die Schlüssel mitzunehmen!

h) ______________ (helfen) mir bitte beim Aufräumen!

i) ______________ (sein) bitte so freundlich und öffne mir die Tür!

j) ______________ (geben) Acht, dass du niemanden umfährst!

k) ______________ (empfehlen) uns einen guten Film!

l) ______________ (lesen), was Ben in seiner E-Mail schreibt!

m) ______________ (essen) den Kuchen ruhig auf!

n) ______________ (unterbrechen) sie bitte nicht bei ihrer Arbeit!

★★★

4. Kreuze an, welche Sätze falsche Imperativformen enthalten. Schreibe diese Sätze verbessert auf.

- [ ] a) Gehe die Straße geradeaus bis zum Marktplatz!
- [ ] b) Esse nicht mit den Fingern!
- [ ] c) Lese den Text!
- [ ] d) Helft uns beim Fegen!
- [ ] e) Nehme einen Regenschirm mit!
- [ ] f) Gebt Acht, wo ihr langgeht!
- [ ] g) Spreche bitte deutlicher!
- [ ] h) Beeile dich!
- [ ] i) Sehe in deiner Tasche nach!
- [ ] j) Vergesse dein Handy nicht!

Name: Datum:

5 Unregelmäßige Präteritumsformen, die man nicht verwechseln sollte

★ |

1. Finde heraus, wie die Präteritumsformen zu den aufgeführten Infinitiven lauten. Verfolge dafür die Linien mit einem Stift. Schreibe anschließend die passende Form hinter den entsprechenden Infinitiv.

sinken	er ritt
singen	er ließ
weben	er kannte
werben	er log
reiten	er bat
raten	er wob
lesen	er bot
lassen	er sang
können	er warb
kennen	er las
bitten	er lag
bieten	er riet
liegen	er sank
lügen	er konnte

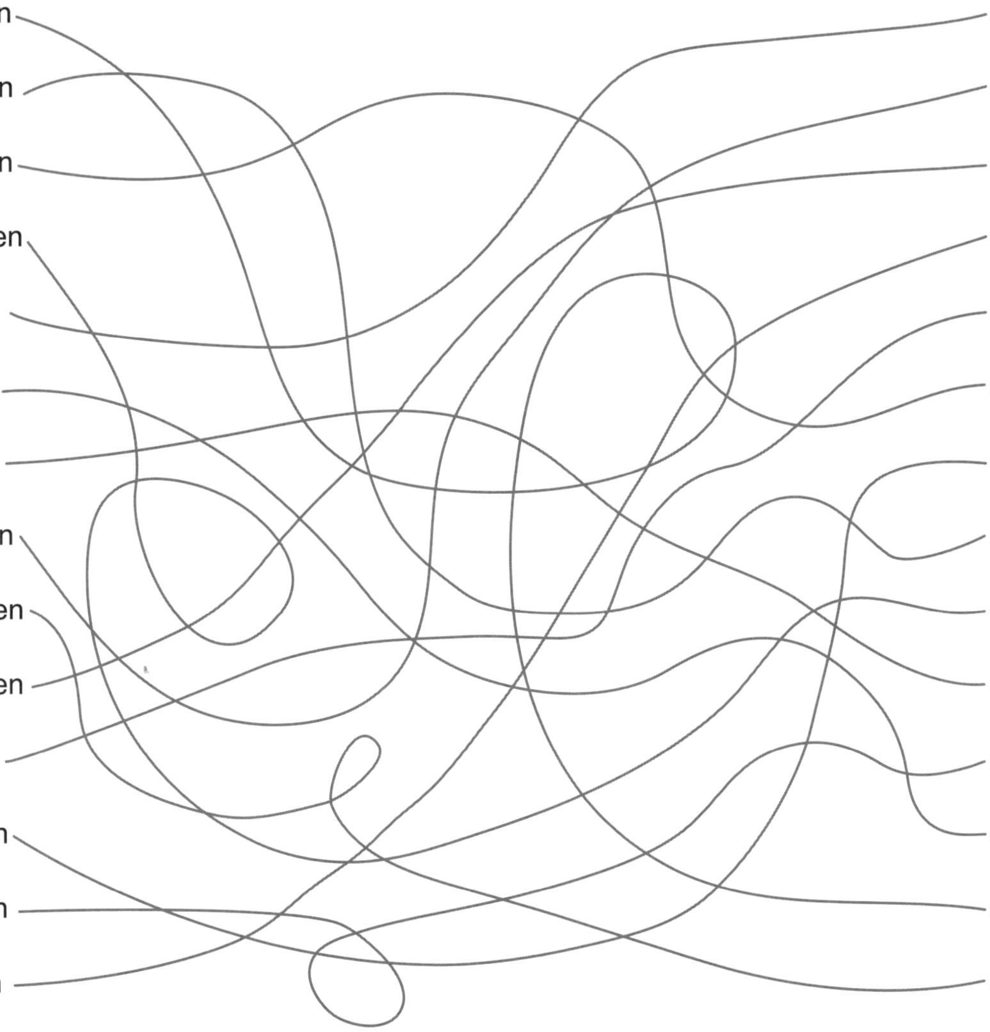

singen: __________	⟷	sinken: __________
werben: __________	⟷	weben: __________
raten: __________	⟷	reiten: __________
lassen: __________	⟷	lesen: __________
kennen: __________	⟷	können: __________
bieten: __________	⟷	bitten: __________
liegen: __________	⟷	lügen: __________

Name: Datum:

★★ |

2. Finde heraus, welche Präteritumsform aus dem Kasten zu welchem Infinitiv gehört. Trage die Präteritumsform in der passenden Lücke ein.

ließ ♦ ritt ♦ wob ♦ las ♦ lag ♦ bot ♦ warb ♦ konnte ♦ log ♦ bat ♦ kannte ♦ riet

a) Lea ____________ (bitten) ihn, ihr eine Zeitung mitzubringen, und ____________ (bieten) ihm an, ihm die 70 Cent dafür im Voraus zu geben.

b) Noah ____________ (liegen) faul im Liegestuhl und ____________ (lügen) seine Mutter an, dass er sein Zimmer schon aufgeräumt habe.

c) Julia ____________ (reiten) mit ihrem Pferd los und ____________ (raten) Sophie, möglichst bald hinterherzukommen.

d) Tom ____________ (kennen) sich in der Schule nicht aus und ____________ (können) deshalb das Sekretariat nicht finden.

e) Sara ____________ (lassen) sich das Kinoprogramm geben und ____________ (lesen) es.

f) Der Mann ____________ (weben) einen Teppich und ____________ (werben) dann für das Kunsthandwerk.

★★★ |

3. Ergänze bei den Sätzen die korrekte Präteritumsform zu den Infinitiven in Klammern.

a) Max ________________ (raten) Viktoria, den Personalausweis mit in die Disko zu nehmen.

b) Caroline ________________ (lügen) ihre Mutter aus Verzweiflung an.

c) Der Verkäufer ________________ (werben) für sein Produkt.

d) Anna ________________ (bieten) Daniel Schokolade an.

★★★ |

4. Kreuze an, in welchen Sätzen eine falsche Präteritumsform verwendet wird. Schreibe diese Sätze verbessert auf.

☐ a) Der Lehrer verbat ihm, während des Unterrichts mit dem Stuhl zu kippeln.

☐ b) Jan las die Gebrauchsanweisung für den Fernseher.

☐ c) Selina warb eine kleine Decke mit dem Webrahmen.

☐ d) Das Schiff sank langsam.

____

____

____

Name: Datum:

6 Abschlusstest

Unregelmäßige Verbformen: Was hast du dazugelernt?

1. Ergänze die Präsensform in der dritten Person Singular zu den Infinitiven.

a) sehen: er ______ e) waschen: er ______ i) mögen: er ______
b) lesen: er ______ f) sprechen: er ______ j) laden: er ______
c) stoßen: er ______ g) wissen: er ______ k) nehmen: er ______
d) lassen: er ______ h) laufen: er ______ l) stehlen: er ______

2. Schreibe die Präteritumsform in der dritten Person Singular zu den Infinitiven auf.

a) halten: er ______ e) wissen: er ______ i) reißen: er ______
b) bleiben: er ______ f) beginnen: er ______ j) ziehen: er ______
c) können: er ______ g) schreiben: er ______ k) kommen: er ______
d) essen: er ______ h) denken: er ______ l) rufen: er ______

3. Ergänze die Perfektform in der dritten Person Singular zu den Infinitiven.

a) nehmen: er ______ ______ e) gießen: er ______ ______
b) schwimmen: er ______ ______ f) beißen: er ______ ______
c) steigen: er ______ ______ g) gehen: er ______ ______
d) empfehlen: er ______ ______ h) finden: er ______ ______

4. Ergänze die Imperativform im Singular zu den Infinitiven.

a) werfen: ______! d) geben: ______! g) helfen: ______!
b) sehen: ______! e) sein: ______! h) essen: ______!
c) nehmen: ______! f) befehlen: ______!

5. Ergänze die Präteritumsform in der dritten Person Singular zu den Infinitiven. Achte darauf, dass du keine ähnlich lautenden Formen verwechselst.

a) weben: er ______ e) können: er ______ i) werben: er ______
b) kennen: er ______ f) bieten: er ______ j) lassen: er ______
c) raten: er ______ g) lesen: er ______ k) lügen: er ______
d) liegen: er ______ h) reiten: er ______ l) bitten: er ______

Name: Datum:

1 Unregelmäßige Präsensformen

★ |

1. Ordne die Präsensformen aus den Boxen in der Er-Form den passenden Infinitiven zu. Beachte, dass die Er-Form auch für „sie“ in der Einzahl und „es“ gilt.

Unregelmäßige Präsensformen mit „a“/„au“ im Infinitiv, aus denen „ä“/„äu“ wird

wächst ♦ brät ♦ säuft ♦ lädt ♦ vergräbt ♦ wäscht ♦ fängt ♦ schläft ♦ bläst ♦ fällt ♦ rät ♦ fährt ♦ läuft ♦ lässt ♦ trägt ♦ hält ♦ bäckt

raten: er rät	fangen: er fängt	tragen: er trägt
backen: er bäckt	braten: er brät	vergraben: er vergräbt
laufen: er läuft	saufen: er säuft	waschen: er wäscht
laden: er lädt	lassen: er lässt	fahren: er fährt
fallen: er fällt	wachsen: er wächst	blasen: er bläst
schlafen: er schläft	halten: er hält	

Unregelmäßige Präsensformen mit „e“ im Infinitiv, das zu „i“ wird

nimmt ♦ frisst ♦ verdirbt ♦ wirbt ♦ spricht ♦ wirft ♦ stirbt ♦ flicht ♦ verbirgt ♦ bricht ♦ isst ♦ gibt ♦ hilft ♦ trifft ♦ vergisst

verbergen: er verbirgt	helfen: er hilft	sterben: er stirbt
verderben: er verdirbt	werben: er wirbt	treffen: er trifft
vergessen: er vergisst	brechen: er bricht	flechten: er flicht
werfen: er wirft	fressen: er frisst	nehmen: er nimmt
geben: er gibt	sprechen: er spricht	essen: er isst

Sonderformen

geschieht ♦ kann ♦ empfiehlt ♦ will ♦ befiehlt ♦ ist ♦ stiehlt ♦ stößt ♦ liest ♦ sieht ♦ weiß ♦ mag

mögen: er mag	sehen: er sieht	stoßen: er stößt
befehlen: er befiehlt	sein: er ist	stehlen: er stiehlt
wissen: er weiß	geschehen: es geschieht	können: er kann
empfehlen: er empfiehlt	lesen: er liest	wollen: er will

Lösungen – Lerntheke 3

Name: Datum:

★★ |

2. Ergänze bei den Sätzen die Präsensform des in Klammern stehenden Verbs.

a) Lara errät (erraten) das gesuchte Wort sofort.
b) Tom nimmt (nehmen) die große Portion Pommes frites.
c) Nora spricht (sprechen) gut Englisch.
d) Daniel weiß (wissen) nicht, wo sein I-Phone ist (sein).
e) Marlene sieht (sehen) in dem Kleid sehr gut aus.
f) Der Spieler wirft (werfen) den Ball und dieser fällt (fallen) in den Korb.
g) Selina läuft (laufen) durch den Wald.
h) Der Dieb stiehlt (stehlen) das Portemonnaie.
i) Er verbirgt (verbergen) sein Gesicht.
j) Es geschieht (geschehen) ein Wunder.

★★★ |

3. Überlege, welches Verb aus dem Kasten in welchen Satz passt. Ergänze das Verb in der korrekten Präsensform in der passenden Lücke.

treffen ♦ blasen ♦ lesen ♦ fressen ♦ befehlen ♦ essen

a) Laura liest gerne Krimis und Tierbücher.
b) Paul isst gerade Chips.
c) Yannik trifft Maik in der Stadt.
d) Der Chef befiehlt seinen Angestellten, schneller zu arbeiten.
e) Der Wind bläst um die Häuser.
f) Der Hund frisst gierig sein Futter.

★★★ |

4. Kreuze an, welche zwei der vier Sätze falsche Präsensformen enthalten. Schreibe diese Sätze verbessert auf.

- [ ] a) Er will nach Berlin fahren.
- [x] b) Das Auto haltet vor der Ampel an.
- [x] c) Jan werbt um die hübsche Lea.
- [ ] d) Schnee fällt vom Himmel.

Das Auto hält vor der Ampel an.
Jan wirbt um die hübsche Lea.

Lösungen – Lerntheke 3

Name: Datum:

2 Unregelmäßige Präteritumsformen

★ | 👤 👥 👥👤

1. Übernimm die folgende Tabelle in dein Heft. Schreibe zuerst in der Infinitivspalte alle angegebenen Infinitivformen untereinander auf. Ordne anschließend die Präteritumsformen aus dem Kasten den Infinitivformen zu.

sein – war	schwimmen – schwamm	schreiben – schrieb
streiten – stritt	stoßen – stieß	raten – riet
brennen – brannte	hängen – hing	bitten – bat
befehlen – befahl	graben – grub	ziehen – zog
treiben – trieb	empfehlen – empfahl	schießen – schoss
brechen – brach	binden – band	stehen – stand
schieben – schob	bergen – barg	denken – dachte
schneiden – schnitt	meiden – mied	stehlen – stahl
messen – maß	gebären – gebar	reißen – riss
bleiben – blieb	erschrecken – erschrak	lesen – las
verderben – verdarb	leihen – lieh	gewinnen – gewann
fressen – fraß	trinken – trank	springen – sprang
stechen – stach	treten – trat	fliehen – floh
klingen – klang	sinken – sank	beginnen – begann
streichen – strich	leiden – litt	treffen – traf
essen – aß	werfen – warf	sehen – sah
laufen – lief	sitzen – saß	müssen – musste
wissen – wusste	biegen – bog	halten – hielt
stinken – stank	pfeifen – pfiff	reiten – ritt
schmeißen – schmiss	fangen – fing	heißen – hieß
wiegen – wog	fließen – floss	dürfen – durfte
greifen – griff	steigen – stieg	wachsen – wuchs
gießen – goss	genießen – genoss	kriechen – kroch
scheinen – schien	waschen – wusch	schleichen – schlich
braten – briet	geben – gab	schlagen – schlug
kommen – kam	singen – sang	haben – hatte
riechen – roch	rufen – rief	laden – lud
blasen – blies	fallen – fiel	fliegen – flog
zwingen – zwang	können – konnte	bringen – brachte
sterben – starb	lügen – log	

Lösungen – Lerntheke 3

Name: Datum:

★★ | 👤 👥 👥👤

2. Ergänze bei den Sätzen die Präteritumsform zu den Infinitiven in Klammern.

a) Anton las (lesen) den Zettel und begann (beginnen) zu lachen.
b) Der Dieb stahl (stehlen) das Fahrrad und fuhr (fahren) davon.
c) Das Auto hielt (halten) und Lisa stieg (steigen) aus.
d) Obwohl die Sonne schien (scheinen), fror (frieren) Daniel.
e) Er sprang (springen) aus dem Bett und lief (laufen) zum Fenster.
f) Sie ging (gehen) hinaus und schrieb (schreiben) ihm eine Nachricht.
g) Paul blieb (bleiben) stehen und schwieg (schweigen).
h) Er briet (braten) den Fisch und die ganze Küche roch (riechen) danach.
i) Tom griff (greifen) in die Lostrommel und zog (ziehen) den Hauptgewinn.

★★★ | 👤 👥 👥👤

3. Forme den mündlichen Bericht des Jungen in einen schriftlichen Bericht um: Wandle die Verbformen aus dem Perfekt ins Präteritum um. Schreibe anschließend den Text so auf.

„Gestern habe ich Sophie vor dem Kino getroffen. Sie hat vor einem Schaukasten gestanden und hat sich die Filmplakate angesehen. Zunächst hat sie geschwiegen, als ich sie angesprochen habe. Doch als ich sie ins Kino eingeladen habe, hat sie angefangen zu lächeln und ist sofort einverstanden gewesen, in den neuen Film „Die Superhelden" zu gehen. Während des Films habe ich es genossen, dass sie neben mir gesessen hat. Nach der Vorstellung haben wir noch ein Eis zusammen gegessen, ehe ich sie nach Hause gebracht habe."

Gestern traf ich Sophie vor dem Kino. Sie stand vor einem Schaukasten und sah sich die Filmplakate an. Zunächst schwieg sie, als ich sie ansprach. Doch als ich sie ins Kino einlud, fing sie an zu lächeln und war sofort einverstanden, in den neuen Film „Die Superhelden" zu gehen. Während des Films genoss ich es, dass sie neben mir saß. Nach der Vorstellung aßen wir noch ein Eis zusammen, ehe ich sie nach Hause brachte.

★★★ | 👤 👥 👥👤

4. Unterstreiche zuerst, welche vier der sechs Präteritumsformen falsch sind. Schreibe sie anschließend verbessert auf.

er waschte – er pfeifte – er lachte – er kriechte – er denkte – er trödelte

er wusch, er pfiff, er kroch, er dachte

Lösungen – Lerntheke 3

Name: Datum:

3 Unregelmäßige Perfektformen

★ |

1. Ordne den Infinitiven die passende Perfektform aus dem Kasten zu.

ist geflohen ♦ hat geschossen ♦ ist geflogen ♦ hat geschlossen ♦ hat gesessen ♦ ist geschwommen ♦ hat gesungen ♦ hat geschrien ♦ ist gestiegen ♦ hat geschrieben ♦ ist gesprungen ♦ ist geflossen ♦ hat gestanden ♦ ist gewesen ♦ hat gestohlen ♦ hat gesprochen ♦ hat gefunden ♦ hat gelegen ♦ hat empfohlen ♦ hat gelogen ♦ hat gebrannt ♦ hat genommen ♦ hat gedacht ♦ hat gelitten ♦ hat geschienen ♦ hat gebracht ♦ hat gewogen ♦ hat gewusst ♦ hat verloren ♦ hat gezogen ♦ hat gerochen ♦ ist geblieben ♦ hat gebissen ♦ hat geboren ♦ hat gebeten ♦ hat gewonnen ♦ hat befohlen ♦ hat gegossen ♦ hat begonnen ♦ ist abgebogen ♦ hat geholfen ♦ ist gegangen ♦ hat geliehen ♦ hat geworben ♦ hat bestritten ♦ ist ausgebrochen ♦ hat getroffen ♦ hat geworfen ♦ hat getrunken ♦ ist gestorben ♦ ist geworden ♦ hat gezwungen

beißen: er *hat gebissen*	gewinnen: er *hat gewonnen*
abbiegen: er *ist abgebogen*	gießen: er *hat gegossen*
befehlen: er *hat befohlen*	gebären: sie *hat geboren*
beginnen: er *hat begonnen*	gehen: er *ist gegangen*
bitten: er *hat gebeten*	heben: er *hat gehoben*
bringen: er *hat gebracht*	liegen: er *hat gelegen*
denken: er *hat gedacht*	lügen: er *hat gelogen*
bleiben: er *ist geblieben*	helfen: er *hat geholfen*
ausbrechen: er *ist ausgebrochen*	leiden: er *hat gelitten*
brennen: es *hat gebrannt*	leihen: er *hat geliehen*
fliegen: er *ist geflogen*	schießen: er *hat geschossen*
fliehen: er *ist geflohen*	schließen: er *hat geschlossen*
empfehlen: er *hat empfohlen*	nehmen: er *hat genommen*
finden: er *hat gefunden*	scheinen: sie *hat geschienen*
fließen: er *ist geflossen*	schreiben: er *hat geschrieben*
sitzen: er *hat gesessen*	sprechen: er *hat gesprochen*
springen: er *ist gesprungen*	stehen: er *hat gestanden*
schreien: er *hat geschrien*	schwimmen: er *ist geschwommen*

Lösungen – Lerntheke 3

Name: Datum:

sein: er *ist gewesen*	singen: er *hat gesungen*
stehlen: er *hat gestohlen*	steigen: er *ist gestiegen*
sterben: er *ist gestorben*	bestreiten: er *hat bestritten*
treffen: er *hat getroffen*	trinken: er *hat getrunken*
wissen: er *hat gewusst*	ziehen: er *hat gezogen*
zwingen: er *hat gezwungen*	werden: es *ist geworden*
verlieren: er *hat verloren*	werben: er *hat geworben*
werfen: er *hat geworfen*	wiegen: er *hat gewogen*

★★ |

2. Ergänze bei den Sätzen die Perfektformen zu den Infinitiven in Klammern.

Tipp: Bei Verben der Vorwärtsbewegung muss vorn die Präsensform von „sein" gewählt werden, ansonsten die von „haben".

a) Johanna *hat* das Spiel *gewonnen* (gewinnen).
b) Mario *ist* schon *gegangen* (gehen).
c) Jonas *hat* deine Handynummer nicht *gewusst* (wissen).
d) Selina *hat* Marlene in der Stadt *getroffen* (treffen).
e) Mia *ist* durch den Fluss *geschwommen* (schwimmen).
f) Paul *ist* über das Gartentor *gestiegen* (steigen).
g) Dennis *hat* sich das Buch *ausgeliehen* (ausleihen).
h) Anna *hat* ein Tor *geschossen* (schießen).

★★★ |

3. Kreuze zuerst die falschen Perfektformen an. Schreibe sie anschließend verbessert auf.

a) ☐ er hat gezogen	e) ☒ er hat zerreißt	i) ☒ er hat gerannt
b) ☒ er hat geschreibt	f) ☐ er ist gelaufen	j) ☒ er hat gesprecht
c) ☒ er hat gewerft	g) ☒ er hat gebeißt	k) ☐ er hat gerochen
d) ☐ er hat geholfen	h) ☒ er hat gefindet	l) ☒ er ist gesinkt

er hat geschrieben, er hat geworfen, er hat zerrissen,
er hat gebissen, er hat gefunden, er ist gerannt,
er hat gesprochen, er ist gesunken

Lösungen – Lerntheke 3

Name: Datum:

4 Unregelmäßige Imperativformen

★ |

1. Lies dir zuerst die Informationen im Merkkasten durch. Kreuze dann an, welche Aussage stimmt.

> Bei Verben mit dem Vokal „e" im Infinitiv, wie z. B. „geben" oder „sehen", musst du bei der Bildung des Imperativs, der Befehlsform, im Singular aufpassen. Bei manchen dieser Verben wechselt der Vokal: Aus dem „e" wird ein „i" oder „ie", wie z. B. bei der Befehlsform „gib" von „geben" oder „sieh" von „sehen". Der Imperativ von „sein" bildet eine Ausnahme und lautet „sei".

- ☐ Manche Verben mit „e" im Infinitiv wechseln den Vokal, aber nur bei der Bildung des Imperativs im Plural.
- ☐ Alle Verben mit „e" im Infinitiv wechseln den Vokal, aber nur bei der Bildung des Imperativs im Singular.
- ☒ Manche Verben mit „e" im Infinitiv wechseln den Vokal, aber nur bei der Bildung des Imperativs im Singular.

★ |

2. Finde heraus, welche Imperativform im Singular aus dem Kasten zu welchem Infinitiv gehört. Trage den Imperativ an der passenden Stelle ein.

vergiss! ♦ gib! ♦ unterbrich! ♦ miss! ♦ versprich! ♦ sei! ♦ hilf! ♦ nimm! ♦ iss! ♦ lies! ♦ wirf! ♦ sieh! ♦ empfiehl! ♦ sprich!

a) empfehlen: *empfiehl!*	f) sein: *sei!*	k) versprechen: *versprich!*
b) lesen: *lies!*	g) essen: *iss!*	l) helfen: *hilf!*
c) unterbrechen: *unterbrich!*	h) sprechen: *sprich!*	m) messen: *miss!*
d) sehen: *sieh!*	i) geben: *gib!*	n) vergessen: *vergiss!*
e) nehmen: *nimm!*	j) werfen: *wirf!*	

★★★ |

3. Ergänze bei den Sätzen die korrekte Imperativform im Singular zu den Infinitiven in Klammern.

a) *Nimm* (nehmen) bitte die leeren Flaschen mit!
b) *Versprich* (versprechen), uns anzurufen, wenn du da bist!
c) *Sieh* (sehen) mal, was ich hier in der Hand habe!
d) *Miss* (messen) nach, wie breit der Schreibtisch ist!
e) *Wirf* (werfen) den Abfall in die Mülltonne!
f) *Sprich* (sprechen) bitte lauter!

Lösungen – Lerntheke 3

Name: Datum:

g) *Vergiss* (vergessen) nicht, die Schlüssel mitzunehmen!
h) *Hilf* (helfen) mir bitte beim Aufräumen!
i) *Sei* (sein) bitte so freundlich und öffne mir die Tür!
j) *Gib* (geben) Acht, dass du niemanden umfährst!
k) *Empfiehl* (empfehlen) uns einen guten Film!
l) *Lies* (lesen), was Ben in seiner E-Mail schreibt!
m) *Iss* (essen) den Kuchen ruhig auf!
n) *Unterbrich* (unterbrechen) sie bitte nicht bei ihrer Arbeit!

★★★ |

4. Kreuze an, welche Sätze falsche Imperativformen enthalten. Schreibe diese Sätze verbessert auf.

- ☐ a) Gehe die Straße geradeaus bis zum Marktplatz!
- ☒ b) Esse nicht mit den Fingern!
- ☒ c) Lese den Text!
- ☐ d) Helft uns beim Fegen!
- ☒ e) Nehme einen Regenschirm mit!
- ☐ f) Gebt Acht, wo ihr langgeht!
- ☒ g) Spreche bitte deutlicher!
- ☐ h) Beeile dich!
- ☒ i) Sehe in deiner Tasche nach!
- ☒ j) Vergesse dein Handy nicht!

Iss nicht mit den Fingern!
Lies den Text!
Nimm einen Regenschirm mit!
Sprich bitte deutlicher!
Sieh in deiner Tasche nach!
Vergiss dein Handy nicht!

Lösungen – Lerntheke 3

Name: Datum:

5 Unregelmäßige Präteritumsformen, die man nicht verwechseln sollte

★ |

1. Finde heraus, wie die Präteritumsformen zu den aufgeführten Infinitiven lauten. Verfolge dafür die Linien mit einem Stift. Schreibe anschließend die passende Form hinter den entsprechenden Infinitiv.

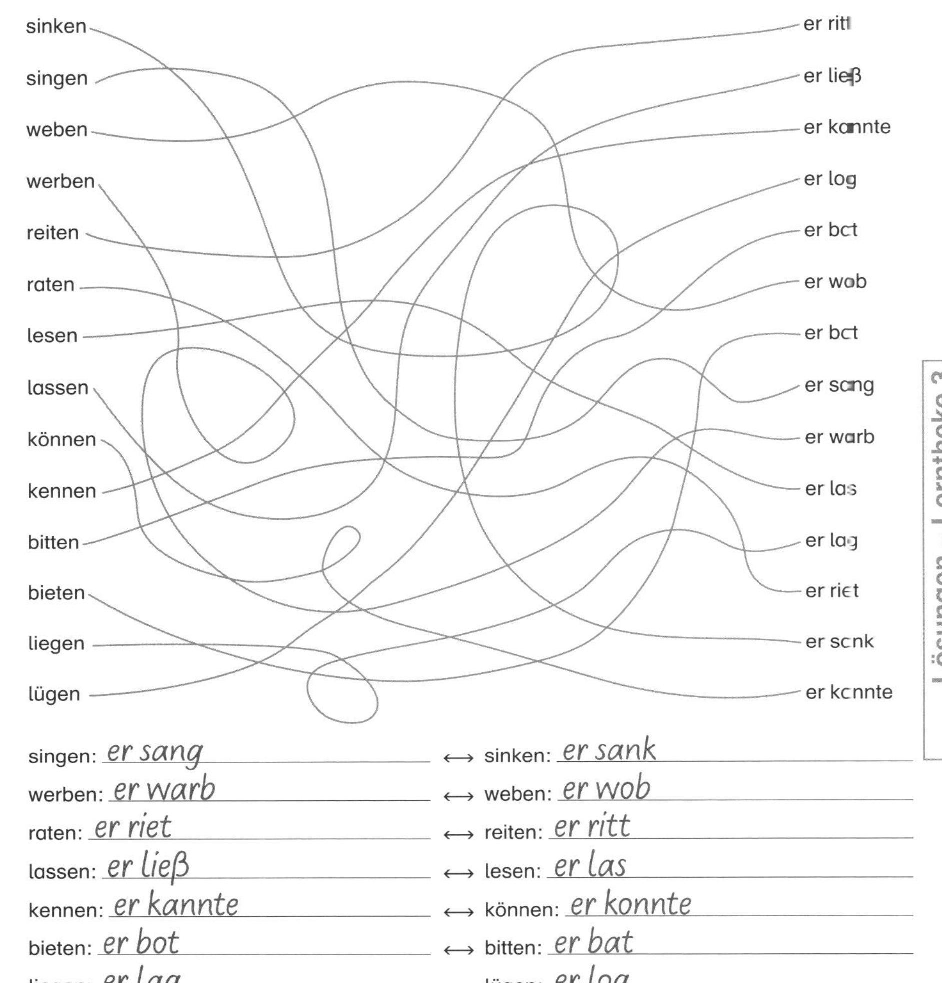

singen: *er sang* ⟷ sinken: *er sank*
werben: *er warb* ⟷ weben: *er wob*
raten: *er riet* ⟷ reiten: *er ritt*
lassen: *er ließ* ⟷ lesen: *er las*
kennen: *er kannte* ⟷ können: *er konnte*
bieten: *er bot* ⟷ bitten: *er bat*
liegen: *er lag* ⟷ lügen: *er log*

Name: Datum:

★★ |

2. Finde heraus, welche Präteritumsform aus dem Kasten zu welchem Infinitiv gehört. Trage die Präteritumsform in der passenden Lücke ein.

ließ ♦ ritt ♦ wob ♦ las ♦ lag ♦ bot ♦ warb ♦ konnte ♦ log ♦ bat ♦ kannte ♦ riet

a) Lea *bat* (bitten) ihn, ihr eine Zeitung mitzubringen, und *bot* (bieten) ihm an, ihm die 70 Cent dafür im Voraus zu geben.

b) Noah *lag* (liegen) faul im Liegestuhl und *log* (lügen) seine Mutter an, dass er sein Zimmer schon aufgeräumt habe.

c) Julia *ritt* (reiten) mit ihrem Pferd los und *riet* (raten) Sophie, möglichst bald hinterherzukommen.

d) Tom *kannte* (kennen) sich in der Schule nicht aus und *konnte* (können) deshalb das Sekretariat nicht finden.

e) Sara *ließ* (lassen) sich das Kinoprogramm geben und *las* (lesen) es.

f) Der Mann *wob* (weben) einen Teppich und *warb* (werben) dann für das Kunsthandwerk.

★★★ |

3. Ergänze bei den Sätzen die korrekte Präteritumsform zu den Infinitiven in Klammern.

a) Max *riet* (raten) Viktoria, den Personalausweis mit in die Disko zu nehmen.

b) Caroline *log* (lügen) ihre Mutter aus Verzweiflung an.

c) Der Verkäufer *warb* (werben) für sein Produkt.

d) Anna *bot* (bieten) Daniel Schokolade an.

★★★ |

4. Kreuze an, in welchen Sätzen eine falsche Präteritumsform verwendet wird. Schreibe diese Sätze verbessert auf.

- [x] a) Der Lehrer verbat ihm, während des Unterrichts mit dem Stuhl zu kippeln.
- [ ] b) Jan las die Gebrauchsanweisung für den Fernseher.
- [x] c) Selina warb eine kleine Decke mit dem Webrahmen.
- [ ] d) Das Schiff sank langsam.

Der Lehrer verbot ihm, während des Unterrichts mit dem Stuhl zu kippeln.
Selina wob eine kleine Decke mit dem Webrahmen.

Name: Datum:

6 Abschlusstest

Unregelmäßige Verbformen: Was hast du dazugelernt?

1. Ergänze die Präsensform in der dritten Person Singular zu den Infinitiven.

a) sehen: er sieht
b) lesen: er liest
c) stoßen: er stößt
d) lassen: er lässt
e) waschen: er wäscht
f) sprechen: er spricht
g) wissen: er weiß
h) laufen: er läuft
i) mögen: er mag
j) laden: er lädt
k) nehmen: er nimmt
l) stehlen: er stiehlt

2. Schreibe die Präteritumsform in der dritten Person Singular zu den Infinitiven auf.

a) halten: er hielt
b) bleiben: er blieb
c) können: er konnte
d) essen: er aß
e) wissen: er wusste
f) beginnen: er begann
g) schreiben: er schrieb
h) denken: er dachte
i) reißen: er riss
j) ziehen: er zog
k) kommen: er kam
l) rufen: er rief

3. Ergänze die Perfektform in der dritten Person Singular zu den Infinitiven.

a) nehmen: er hat genommen
b) schwimmen: er ist geschwommen
c) steigen: er ist gestiegen
d) empfehlen: er hat empfohlen
e) gießen: er hat gegossen
f) beißen: er hat gebissen
g) gehen: er ist gegangen
h) finden: er hat gefunden

4. Ergänze die Imperativform im Singular zu den Infinitiven.

a) werfen: wirf!
b) sehen: sieh!
c) nehmen: nimm!
d) geben: gib!
e) sein: sei!
f) befehlen: befiehl!
g) helfen: hilf!
h) essen: iss!

5. Ergänze die Präteritumsform in der dritten Person Singular zu den Infinitiven. Achte darauf, dass du keine ähnlich lautenden Formen verwechselst.

a) weben: er wob
b) kennen: er kannte
c) raten: er riet
d) liegen: er lag
e) können: er konnte
f) bieten: er bot
g) lesen: er las
h) reiten: er ritt
i) werben: er warb
j) lassen: er ließ
k) lügen: er log
l) bitten: er bat

Lösungen – Lerntheke 3

Lerntheke 4
Konjunktiv in der indirekten Rede

Der folgenden Übersicht kannst du entnehmen, welche Übungsaspekte dir bei dieser Lerntheke an welcher Station angeboten werden. Hake die einzelnen Stationen ab, nachdem du sie bearbeitet hast. So behältst du den Überblick, welche Stationen du schon erledigt hast und welche noch nicht. Führe zuletzt den Abschlusstest durch und überprüfe damit selbst, ob du das zuvor Gelernte nun beherrschst.

Übersicht

Station	Thema	Erledigt?
1	Indirekte Rede in der dritten Person Singular	
2	Indirekte Rede in der dritten Person Plural bei regelmäßigen Verben und unregelmäßigen Verben mit Sonderformen	
3	Indirekte Rede in der dritten Person Plural bei unregelmäßigen Verben mit einer Präteritumsform mit „a"	
4	Indirekte Rede in der dritten Person Plural bei unregelmäßigen Verben mit einer Präteritumsform mit „o"	
5	Indirekte Rede in der dritten Person Plural bei unregelmäßigen Verben mit einer Präteritumsform mit „u"	
6	Abschlusstest	

Name: Datum:

1 Indirekte Rede in der dritten Person Singular

★ |

1. Lies dir zuerst den Informationstext im Kasten durch. Kreuze anschließend darunter die richtige Antwort an.

> Für die Wiedergabe der indirekten Rede in der dritten Person Singular Präsens musst du die Form des Konjunktiv I benutzen.
> Diese bildest du, indem du an den Wortstamm des Verbs im Infinitiv ein „e" anhängst.
> *Beispiel*: spielen → Wortstamm spiel + e = spiele
> Nur das Verb „sein" besitzt die Sonderform „sei".

Welche Konjunktivform musst du für die Wiedergabe der indirekten Rede in der dritten Person Singular Präsens verwenden?

☐ Konjunktiv I ☐ Konjunktiv II ☐ Ersatzform mit „würde"

★★ |

2. Bilde die Konjunktiv I-Form in der dritten Person Singular Präsens. Dabei kannst du die Informationen aus dem Kasten zu Hilfe nehmen.

a) fragen → er/sie/es ______
b) versuchen → er/sie/es ______
c) laufen → er/sie/es ______
d) denken → er/sie/es ______
e) schreiben → er/sie/es ______
f) kommen → er/sie/es ______
g) verstehen → er/sie/es ______
h) sein → er/sie/es ______

★★ |

3. Ergänze bei den Sätzen die Konjunktiv I-Form zu den Infinitiven in Klammern.

a) Tim sagte, er ______ (wissen) nicht, wo Felix ______ (bleiben).

b) Esra fragte ihn, ob er Schlittschuhe ______ (haben) und mitkommen ______ (wollen).

c) Sie wollte wissen, wohin er ______ (gehen) und was er ______ (machen).

d) Sara meinte, sie selbst ______ (müssen) erst nachfragen, wo sich das Kino ______ (befinden).

e) Er antwortete, dass er zuerst mit dem Zug ______ (fahren) und dann vom Bahnhof aus ein Taxi ______ (nehmen).

f) Mehmet behauptet, dass das nicht ______ (stimmen) und versichert, dass er Ben das Computerspiel gerne ______ (ausleihen).

g) Der Erziehungswissenschaftler Klaus schreibt, er ______ (sorgen) sich um die Bildung der Jugend, da die Jugend immer seltener zum Buch ______ (greifen).

Name: ______________________________ Datum: ______________

h) In dem Werbeprospekt steht, dass dieses Fahrrad ein echtes Schnäppchen ________ (sein) und eine besondere Klingel ______________ (besitzen).

★★ | 👤 👥 👥👤

4. Forme die folgenden Sätze aus der direkten Rede in die indirekte Rede um. Verwende dabei den Konjunktiv I.

Beispiel:

Tom sagt: „Ben wohnt nah am Rathaus." → Tom sagt, dass Ben nah am Rathaus wohne.

a) Julian erzählt: „Jonas hat ein neues Fahrrad."

____

b) Lea versichert: „Anna kommt bald."

____

c) Paul erklärt: „Yanik will das Computerspiel ausprobieren."

____

d) Selina weist darauf hin: „Bald kommt der Bus."

____

★★★ | 👤 👥 👥👤

5. Kreuze an, bei welchen Sätzen du bei der Umformung von der direkten Rede in die indirekte Rede die Konjunktiv I-Form verwenden musst. Schreibe diese Sätze in der indirekten Rede auf.

Tipp: Beachte, ob das Verb im Singular oder Plural steht. Überlege, wann der Konjunktiv I verwendet werden muss.

☐ a) Noah fragt: „Wann kommt der Zug?"

☐ b) Mia erkundigt sich: „Was kosten die Fahrkarten?"

☐ c) Die Verkäuferin weist darauf hin: „Die Schuhe sind zu groß."

☐ d) Mattheo bemerkt: „Der Eintritt ist teuer."

____

____

____

____

Name: Datum:

2 Indirekte Rede in der dritten Person Plural bei regelmäßigen Verben und unregelmäßigen Verben mit Sonderformen

★ | 👤 👥

1. Lies dir zuerst den Informationstext im Kasten durch. Kreuze anschließend unten an, welche Aussagen stimmen.

> Für die Wiedergabe der indirekten Rede in der dritten Person Plural Präsens bei regelmäßigen Verben musst du die Ersatzform mit „würde" benutzen.
> Denn bei regelmäßigen Verben in der dritten Person Plural lässt sich weder die Form des Konjunktiv I von der Präsensform unterscheiden noch die Form des Konjunktiv II von der Präteritumsform. Deshalb musst du hier die Ersatzform mit „würde" benutzen, um zu zeigen, dass die Aussage im Konjunktiv stehen soll.
> Die Ersatzform mit „würde" bildest du aus der entsprechenden Personalform von „würde" und dem Infinitiv.
> *Beispiel*: sie würden spielen
>
> Außerdem musst du die Ersatzform mit „würde" bei unregelmäßigen Verben mit „i" oder „ie" in der Präteritumsform benutzen, da sich auch hier die Formen sonst nicht unterscheiden. Das gilt auch für die vier unregelmäßigen Verben „nennen, kennen, rennen, brennen". Ihre Konjunktiv II-Formen „nennten, kennten, rennten, brennten" werden heute nicht mehr verwendet, deshalb sollte auch in diesen Fällen die Ersatzform mit „würde" benutzt werden.

In welchen Fällen verwendest du die Ersatzform mit „würde" zur Wiedergabe der indirekten Rede?

☐ Wenn das Verb, egal, ob es regelmäßig oder unregelmäßig ist, in der direkten Rede in der dritten Person Singular steht.

☐ Wenn das Verb in der direkten Rede in der dritten Person Plural steht und regelmäßig ist.

☐ Wenn das Verb in der direkten Rede in der dritten Person Plural steht und unregelmäßig ist und in der Präteritumsform ein „i" oder „ie" hat.

☐ Wenn es sich um die unregelmäßigen Formen des Konjunktiv II der Verben „nennen, kennen, rennen" und „brennen" handelt.

☐ Wenn das Verb in der direkten Rede in der dritten Person Plural steht und unregelmäßig ist, in der Präteritumsform ein „a", „o" oder „u" hat und dabei die Form des Konjunktiv II regelmäßig mit den Umlauten „ä", „ö" oder „ü" bildet.

☐ Wenn es sich um das unregelmäßige Verb „sein" in der dritten Person Plural in der direkten Rede handelt, das die eindeutig erkennbare Konjunktiv I-Form „seien" besitzt.

Name: ______________________ Datum: ______________

★★ | 👤 👥 👥👤

2. Bilde die Ersatzform mit „würde“ in der dritten Person Plural Präsens zu folgenden Infinitiven. Dabei kannst du die Informationen aus dem Kasten (S. 74) zu Hilfe nehmen.

a) lachen → die Jugendlichen ______________________

b) sagen → die Lehrer ______________________

c) passen → die Schuhe ______________________

d) spielen → die Fußballer ______________________

e) rennen → die Schüler ______________________

f) schlafen → die Leute ______________________

★★ | 👤 👥

3. Ergänze bei den Sätzen die Ersatzformen mit „würde“ zu den Infinitiven in Klammern.

a) Lea und Tim meinen, sie ____________ den Hausmeister ____________ (fragen).

b) Sie fragt, warum die Jungen es nicht ____________ ____________ (versuchen).

c) Leon erzählt, dass ihn seine Schulden sehr ____________ ____________ (belasten).

d) Marc beschwert sich, dass ihn die anderen nie ____________ ____________ (anrufen).

★★★ | 👤 👥 👥👤

4. Forme die folgenden Sätze aus der direkten Rede in die indirekte Rede um. Verwende dabei die Ersatzform mit „würde“.

Beispiel: Tom und Marc sagen: „Die anderen wohnen in der Altstadt.“

→ Tom und Marc sagen, dass die anderen in der Altstadt wohnen würden.

a) Paul betont: „Jan und Emre hören diese Musik gerne.“

____

____

b) Selina sagt: „Diese Chips schmecken gut.“

____

c) Jochen weist darauf hin: „Die anderen nennen diesen Typ ‚Charlie‘.“

____

____

d) Mia bemerkt: „Die beiden schlafen gerne aus.“

____

Name: Datum:

3 Indirekte Rede in der dritten Person Plural bei unregelmäßigen Verben mit einer Präteritumsform mit „a"

★ |

1. Lies dir zuerst den Informationstext im Kasten durch. Kreuze anschließend darunter die richtige Antwort an.

> Für die Wiedergabe der indirekten Rede in der dritten Person Plural Präsens bei unregelmäßigen Verben mit einer Präteritumsform mit „a" musst du die Form des Konjunktiv II benutzen.
>
> Denn bei unregelmäßigen Verben in der dritten Person Plural mit einer Präteritumsform mit „a" lässt sich die Form des Konjunktiv I nicht von der Präsensform unterscheiden, sodass du hier die Form des Konjunktiv II benutzen musst, um zu zeigen, dass die Aussage im Konjunktiv stehen soll.
>
> Die Konjunktiv II-Form bildest du, indem du bei dem Stamm der Präteritumsform den Vokal „a" in den Umlaut „ä" verwandelst und die entsprechende Personalendung anhängst.
> *Beispiel*: sie springen → sie sprangen → sie sprängen
>
> Eine Ausnahme von dieser Regel stellen nur die vier unregelmäßigen Verben „nennen, kennen, rennen, brennen" dar, die die unregelmäßigen Konjunktiv II-Formen „nennten, kennten, rennten, brennten" haben. Da diese Formen heute ungebräuchlich sind, sollte stattdessen die Ersatzform mit „würde" benutzt werden.
> Außerdem ist bei dem Verb „sein" die Konjunktiv I-Form „seien" zu verwenden.

Welche Konjunktivform musst du für die Wiedergabe der indirekten Rede in der dritten Person Plural Präsens bei unregelmäßigen Verben verwenden, die den Vokal „a" in der Präteritumsform haben, mit Ausnahme der Verben „kennen, nennen, rennen" und „brennen"?

☐ Konjunktiv I ☐ Konjunktiv II ☐ Ersatzform mit „würde"

★★ |

2. Bilde die Präteritumsform und dann die Konjunktiv II-Form in der dritten Person Plural Präsens. Dabei kannst du die Informationen aus dem Kasten zu Hilfe nehmen.

Infinitiv	→ Präteritumsform	→ Konjunktiv II-Form
a) finden	→ sie beide ______	→ sie beide ______
b) sehen	→ sie beide ______	→ sie beide ______
c) liegen	→ sie beide ______	→ sie beide ______
d) kommen	→ sie beide ______	→ sie beide ______
e) haben	→ sie beide ______	→ sie beide ______
f) tun	→ sie beide ______	→ sie beide ______

Lerntheke 4

Name: Datum:

★★ | 👤 👥

3. Ergänze bei den Sätzen die Konjunktiv II-Formen zu den in Klammern stehenden Infinitiven.

a) Er sagt, die beiden ______________ (sehen) Tim erst am Samstag wieder.

b) Sie äußert, die Leute ______________ (sitzen) gerne in diesem Cafe.

c) Die Jungen teilen mit, dass sie den Bus ______________ (nehmen).

d) Hannes und Ben verabreden, sie ______________ (treffen) sich vor dem Kino.

e) Laura denkt, die Hunde ______________ (springen) vor Freude in die Luft.

f) Die Darsteller verkünden, sie ______________ (bitten) um Ruhe.

g) Die Männer antworten, sie ______________ (sprechen) kein Englisch.

h) Sie weist darauf hin, dass die ersten Versuche oft ______________ (misslingen).

i) Der Autor schreibt, dass viele Jugendliche eine Ausbildung ______________ (beginnen), diese aber nicht zu Ende ______________ (bringen).

j) Die Mädchen versprechen, dass sie daran ______________ (denken) und auch Getränke nicht ______________ (vergessen).

★★★ | 👤 👥 👥👤

4. Forme die folgenden Sätze aus der direkten Rede in die indirekte Rede um. Verwende dabei die richtige Konjunktiv II-Form.

Beispiel: Melissa und Lara stellen fest: „Die zwei Männer singen wunderschön."

→ Melissa und Lara stellen fest, dass die zwei Männer wunderschön sängen.

a) Jonathan meint: „Die Lehrer finden das klasse."

____

b) Tamara sagt: „Die Jungen denken bestimmt nicht daran."

____

c) Milan bemerkt: „Die Aufnahmen klingen super."

____

d) Caroline behauptet: „Die anderen sitzen schon am Tisch."

____

e) Der Dichter schreibt: „Die Vögel singen wunderbar."

____

Name: Datum:

4 Indirekte Rede in der dritten Person Plural bei unregelmäßigen Verben mit einer Präteritumsform mit „o“

★ | 👤 👥

1. Lies dir zuerst den Informationstext im Kasten durch. Kreuze anschließend darunter die richtige Antwort an.

> Für die Wiedergabe der indirekten Rede in der dritten Person Plural Präsens bei unregelmäßigen Verben mit einer Präteritumsform mit „o“ musst du die Form des Konjunktiv II benutzen.
>
> Denn bei unregelmäßigen Verben in der dritten Person Plural mit einer Präteritumsform mit „o“ lässt sich die Form des Konjunktiv I nicht von der Präsensform unterscheiden, sodass du hier die Form des Konjunktiv II benutzen musst, um zu zeigen, dass die Aussage im Konjunktiv stehen soll.
>
> Die Konjunktiv II-Form bildest du, indem du bei dem Stamm der Präteritumsform den Vokal „o“ in den Umlaut „ö“ verwandelst und die entsprechende Personalendung anhängst.
> *Beispiel*: sie ziehen → sie zogen → sie zögen

Welche Konjunktivform musst du für die Wiedergabe der indirekten Rede in der dritten Person Plural Präsens bei unregelmäßigen Verben verwenden, die den Vokal „o“ in der Präteritumsform haben?

☐ Konjunktiv I ☐ Konjunktiv II ☐ Ersatzform mit „würde“

★★ | 👤 👥

2. Bilde die Präteritumsform und dann die Konjunktiv II-Form in der dritten Person Plural Präsens. Dabei kannst du die Informationen aus dem Kasten zu Hilfe nehmen.

Infinitiv	**→ Präteritumsform**	**→ Konjunktiv II-Form**
a) fliegen	→ sie beide ________	→ sie beide ________
b) schließen	→ sie beide ________	→ sie beide ________
c) verlieren	→ sie beide ________	→ sie beide ________
d) biegen	→ sie beide ________	→ sie beide ________
e) fließen	→ sie beide ________	→ sie beide ________
f) genießen	→ sie beide ________	→ sie beide ________
g) bieten	→ sie beide ________	→ sie beide ________
h) riechen	→ sie beide ________	→ sie beide ________
i) können	→ sie beide ________	→ sie beide ________

Name: Datum:

★★ |

3. Ergänze bei den Sätzen die Konjunktiv II-Formen zu den in Klammern stehenden Infinitiven.

a) Er weist darauf hin, die beiden ______________ (lügen) gerne einmal.

b) Sie antwortet, die Geschäfte ______________ (schließen) morgen früher.

c) Julia und Leonie teilen mit, sie ______________ (fliegen) in den Ferien nach Berlin.

d) Sie denkt, die Jugendlichen ______________ (verlieren) schnell das Interesse daran.

e) Ulrike Muster kritisiert, die Leute ______________ (genießen) oft das kleine Glück nicht.

f) Ulf Meier führt aus, Händler im Netz ______________ (bieten) oft schlechtere Waren an.

g) Büsra meint, Hunde ______________ (frieren) nicht so schnell wie Menschen.

h) Die Polizisten betonen, dass sie in diesem Fall nichts machen ______________ (können).

i) Der Zoohändler erklärt, Mäuse ______________ (wiegen) nicht viel.

★★★ |

4. Forme die folgenden Sätze aus der direkten Rede in die indirekte Rede um. Verwende dabei die richtige Konjunktiv II-Form.

Beispiel: Melissa vermutet: „Die Jungen verlieren bestimmt bald die Geduld."

→ Melissa vermutet, dass die Jungen bestimmt bald die Geduld verlören.

a) Fin behauptet: „Jäger erschießen oft frei herumlaufende Hunde im Wald."

____

b) Der Autor kritisiert: „Viele Jugendliche schließen leichtsinnig Verträge ab."

____

c) Jonas weist darauf hin: „Die Kinokarten können bereits ausverkauft sein."

____

d) Serkan denkt: „Nils und Tom schieben die Schuld gerne anderen in die Schuhe."

____

★★★ |

5. Lies dir zuerst die beiden in der direkten Rede stehenden Sätze durch. Kreuze anschließend an, bei welchem Satz du bei der Umformung in die indirekte Rede den Konjunktiv II verwenden musst. Schreibe den angekreuzten Satz in der indirekten Rede auf.

☐ Nele meint: „Die Karotten riechen verfault."

☐ Nele meint: „Die Karotte riecht verfault."

____

Name: Datum:

5 Indirekte Rede in der dritten Person Plural bei unregelmäßigen Verben mit einer Präteritumsform mit „u“

★ | 👤 👥

1. Lies dir zuerst den Informationstext im Kasten durch. Kreuze anschließend darunter die richtige Antwort an.

> Für die Wiedergabe der indirekten Rede in der dritten Person Plural Präsens bei unregelmäßigen Verben mit einer Präteritumsform mit „u“ musst du die Form des Konjunktiv II benutzen.
> Denn bei unregelmäßigen Verben in der dritten Person Plural mit einer Präteritumsform mit „u“ lässt sich die Form des Konjunktiv I nicht von der Präsensform unterscheiden, sodass du hier die Form des Konjunktiv II benutzen musst, um zu zeigen, dass die Aussage im Konjunktiv stehen soll.
>
> Die Konjunktiv II-Form bildest du, indem du bei dem Stamm der Präteritumsform den Vokal „u“ in den Umlaut „ü“ verwandelst und die entsprechende Personalendung anhängst.
> *Beispiel*: sie schlagen → sie schlugen → sie schlügen

Welche Konjunktivform musst du für die Wiedergabe der indirekten Rede in der dritten Person Plural Präsens bei unregelmäßigen Verben verwenden, die den Vokal „u“ in der Präteritumsform haben?

☐ Konjunktiv I ☐ Konjunktiv II ☐ Ersatzform mit „würde“

★★ | 👤 👥

2. Bilde die Präteritumsform und dann die Konjunktiv II-Form in der dritten Person Plural Präsens. Dabei kannst du die Informationen aus dem Kasten zu Hilfe nehmen.

Infinitiv	**→ Präteritumsform**	**→ Konjunktiv II-Form**
a) fahren	→ sie beide ____________	→ sie beide ____________
b) wissen	→ sie beide ____________	→ sie beide ____________
c) müssen	→ sie beide ____________	→ sie beide ____________
d) wachsen	→ sie beide ____________	→ sie beide ____________
e) dürfen	→ sie beide ____________	→ sie beide ____________
f) graben	→ sie beide ____________	→ sie beide ____________
g) werden	→ sie beide ____________	→ sie beide ____________
h) tragen	→ sie beide ____________	→ sie beide ____________
i) laden	→ sie beide ____________	→ sie beide ____________
j) waschen	→ sie beide ____________	→ sie beide ____________

Name: Datum:

★★ |

3. Ergänze bei den Sätzen die Konjunktiv II-Form zu den in Klammern stehenden Infinitiven.

a) Die Mädchen sagen, sie ______________ (tragen) gerne Röcke.

b) Sie warnt, die Jugendlichen ______________ (werden) sonst nass.

c) Die Gärtnerin gibt zu bedenken, diese Bäume ______________ (wachsen) sehr hoch.

d) Er wendet ein, Hunde ______________ (müssen) bestimmt draußen bleiben.

e) Lola sagt, sie und die anderen ______________ (fahren) bald los.

f) Ben ist der Auffassung, die Leute ______________ (dürfen) dies nicht machen.

g) Julian meint, er und Marcel ______________ (wissen) nicht, wo Lea wohne.

h) Der Autor behauptet, manche Menschen ______________ (waschen) sich zu selten.

★★★ |

4. Forme die folgenden Sätze aus der direkten Rede in die indirekte Rede um. Verwende dabei die richtige Konjunktiv II-Form.

Beispiel: Caroline weist darauf hin: „Jonas und Felix müssen bald los."

→ Caroline weist darauf hin, dass Jonas und Felix bald los müssten.

a) Der Verfasser schreibt: „Immer mehr Menschen fahren Elektroautos."

____

b) Tom denkt: „Die Kuchenstücke dürfen nicht gegessen werden."

____

c) Yanik meint: „Die beiden wissen sich sicher zu helfen."

____

d) Mia nimmt irrtümlich an: „Die Busse fahren nicht über den Hauptbahnhof."

____

____

★★★ |

5. Lies dir zuerst die drei in der direkten Rede stehenden Sätze durch. Kreuze anschließend an, bei welchem Satz du bei der Umformung in die indirekte Rede den Konjunktiv II verwenden musst. Schreibe den angekreuzten Satz in der indirekten Rede auf.

☐ Der Verfasser schreibt: „Einbrecher suchen sich meistens vornehme Häuser aus."

☐ Der Verfasser schreibt: „Einbrecher schlagen oft nachts zu."

☐ Der Verfasser schreibt: „Ein Einbrecher durchsucht meistens alles nach Beute."

____

Name: ______________________ Datum: ______________________

6 Abschlusstest

Konjunktiv in der indirekten Rede: Was hast du dazugelernt?

1. Kreuze an, wann du welche Konjunktiv-Form in der indirekten Rede verwenden musst.

a) Das regelmäßige oder unregelmäßige Verb steht in der direkten Rede in der dritten Person Singular Präsens.

☐ Konjunktiv I ☐ Konjunktiv II ☐ Ersatzform mit „würde"

b) Das regelmäßige Verb steht in der direkten Rede in der dritten Person Plural Präsens.

☐ Konjunktiv I ☐ Konjunktiv II ☐ Ersatzform mit „würde"

c) Das unregelmäßige Verb steht in der direkten Rede in der dritten Person Plural Präsens, es hat eine Präteritumsform mit „a", „o" oder „u" und stellt keine Ausnahmeform dar.

☐ Konjunktiv I ☐ Konjunktiv II ☐ Ersatzform mit „würde"

d) Es handelt sich um das unregelmäßige Verb „sein" in der dritten Person Plural Präsens in der direkten Rede, also die Form „sie sind".

☐ Konjunktiv I ☐ Konjunktiv II ☐ Ersatzform mit „würde"

2. Ergänze die Konjunktiv I-Form.

a) suchen = er/sie/es ______________ b) gehen = er/sie/es ______________

3. Ergänze die Ersatzform mit „würde".

a) sagen = sie beide ______________ b) glauben = sie beide ______________

4. Ergänze die Konjunktiv II-Form bei diesen Verben mit „a" im Präteritum.

a) finden = sie beide ______________ c) sitzen = sie beide ______________

b) denken = sie beide ______________ d) sprechen = sie beide ______________

5. Ergänze die Konjunktiv II-Form bei diesen Verben mit „o" im Präteritum.

a) ziehen = sie beide ______________ c) riechen = sie beide ______________

b) frieren = sie beide ______________ d) können = sie beide ______________

6. Ergänze die Konjunktiv II-Form bei diesen Verben mit „u" im Präteritum.

a) wissen = sie beide ______________ c) fahren = sie beide ______________

b) wachsen = sie beide ______________ d) dürfen = sie beide ______________

Name: Datum:

1 Indirekte Rede in der dritten Person Singular

★ | 👤 👥

1. Lies dir zuerst den Informationstext im Kasten durch. Kreuze anschließend darunter die richtige Antwort an.

> Für die Wiedergabe der indirekten Rede in der dritten Person Singular Präsens musst du die Form des Konjunktiv I benutzen.
> Diese bildest du, indem du an den Wortstamm des Verbs im Infinitiv ein „e" anhängst.
> *Beispiel*: spielen → Wortstamm spiel + e = spiele
> Nur das Verb „sein" besitzt die Sonderform „sei".

Welche Konjunktivform musst du für die Wiedergabe der indirekten Rede in der dritten Person Singular Präsens verwenden?

☒ Konjunktiv I ☐ Konjunktiv II ☐ Ersatzform mit „würde"

★★ | 👤 👥

2. Bilde die Konjunktiv I-Form in der dritten Person Singular Präsens. Dabei kannst du die Informationen aus dem Kasten zu Hilfe nehmen.

a) fragen → er/sie/es *frage*
b) versuchen → er/sie/es *versuche*
c) laufen → er/sie/es *laufe*
d) denken → er/sie/es *denke*
e) schreiben → er/sie/es *schreibe*
f) kommen → er/sie/es *komme*
g) verstehen → er/sie/es *verstehe*
h) sein → er/sie/es *sei*

★★ | 👤 👥

3. Ergänze bei den Sätzen die Konjunktiv I-Form zu den Infinitiven in Klammern.

a) Tim sagte, er *wisse* (wissen) nicht, wo Felix *bleibe* (bleiben).
b) Esra fragte ihn, ob er Schlittschuhe *habe* (haben) und mitkommen *wolle* (wollen).
c) Sie wollte wissen, wohin er *gehe* (gehen) und was er *mache* (machen).
d) Sara meinte, sie selbst *müsse* (müssen) erst nachfragen, wo sich das Kino *befinde* (befinden).
e) Er antwortete, dass er zuerst mit dem Zug *fahre* (fahren) und dann vom Bahnhof aus ein Taxi *nehme* (nehmen).
f) Mehmet behauptet, dass das nicht *stimme* (stimmen) und versichert, dass er Ben das Computerspiel gerne *ausleihe* (ausleihen).
g) Der Erziehungswissenschaftler Klaus schreibt, er *sorge* (sorgen) sich um die Bildung der Jugend, da die Jugend immer seltener zum Buch *greife* (greifen).

Lösungen – Lerntheke 4

Name: Datum:

h) In dem Werbeprospekt steht, dass dieses Fahrrad ein echtes Schnäppchen *sei* (sein) und eine besondere Klingel *besitze* (besitzen).

★★ | 👤 👥 👥👤

4. Forme die folgenden Sätze aus der direkten Rede in die indirekte Rede um. Verwende dabei den Konjunktiv I.

Beispiel:

Tom sagt: „Ben wohnt nah am Rathaus." → Tom sagt, dass Ben nah am Rathaus wohne.

a) Julian erzählt: „Jonas hat ein neues Fahrrad."
Julian erzählt, dass Jonas ein neues Fahrrad habe.

b) Lea versichert: „Anna kommt bald."
Lea versichert, dass Anna bald komme.

c) Paul erklärt: „Yanik will das Computerspiel ausprobieren."
Paul erklärt, dass Yanik das Computerspiel ausprobieren wolle.

d) Selina weist darauf hin: „Bald kommt der Bus."
Selina weist darauf hin, dass der Bus bald komme.

★★★ | 👤 👥 👥👤

5. Kreuze an, bei welchen Sätzen du bei der Umformung von der direkten Rede in die indirekte Rede die Konjunktiv I-Form verwenden musst. Schreibe diese Sätze in der indirekten Rede auf.

Tipp: Beachte, ob das Verb im Singular oder Plural steht. Überlege, wann der Konjunktiv I verwendet werden muss.

☒ a) Noah fragt: „Wann kommt der Zug?"
☐ b) Mia erkundigt sich: „Was kosten die Fahrkarten?"
☐ c) Die Verkäuferin weist darauf hin: „Die Schuhe sind zu groß."
☒ d) Mattheo bemerkt: „Der Eintritt ist teuer."

Noah fragt, wann der Zug komme.
Mattheo bemerkt, dass der Eintritt teuer sei.

Lösungen – Lerntheke 4

Name: Datum:

2 Indirekte Rede in der dritten Person Plural bei regelmäßigen Verben und unregelmäßigen Verben mit Sonderformen

★ |

1. Lies dir zuerst den Informationstext im Kasten durch. Kreuze anschließend unten an, welche Aussagen stimmen.

> Für die Wiedergabe der indirekten Rede in der dritten Person Plural Präsens bei regelmäßigen Verben musst du die Ersatzform mit „würde" benutzen.
> Denn bei regelmäßigen Verben in der dritten Person Plural lässt sich weder die Form des Konjunktiv I von der Präsensform unterscheiden noch die Form des Konjunktiv II von der Präteritumsform. Deshalb musst du hier die Ersatzform mit „würde" benutzen, um zu zeigen, dass die Aussage im Konjunktiv stehen soll.
> Die Ersatzform mit „würde" bildest du aus der entsprechenden Personalform von „würde" und dem Infinitiv.
> *Beispiel*: sie würden spielen
>
> Außerdem musst du die Ersatzform mit „würde" bei unregelmäßigen Verben mit „i" oder „ie" in der Präteritumsform benutzen, da sich auch hier die Formen sonst nicht unterscheiden.
> Das gilt auch für die vier unregelmäßigen Verben „nennen, kennen, rennen, brennen".
> Ihre Konjunktiv II-Formen „nennten, kennten, rennten, brennten" werden heute nicht mehr verwendet, deshalb sollte auch in diesen Fällen die Ersatzform mit „würde" benutzt werden.

In welchen Fällen verwendest du die Ersatzform mit „würde" zur Wiedergabe der indirekten Rede?

- ☐ Wenn das Verb, egal, ob es regelmäßig oder unregelmäßig ist, in der direkten Rede in der dritten Person Singular steht.
- ☒ Wenn das Verb in der direkten Rede in der dritten Person Plural steht und regelmäßig ist.
- ☒ Wenn das Verb in der direkten Rede in der dritten Person Plural steht und unregelmäßig ist und in der Präteritumsform ein „i" oder „ie" hat.
- ☒ Wenn es sich um die unregelmäßigen Formen des Konjunktiv II der Verben „nennen, kennen, rennen" und „brennen" handelt.
- ☐ Wenn das Verb in der direkten Rede in der dritten Person Plural steht und unregelmäßig ist, in der Präteritumsform ein „a", „o" oder „u" hat und dabei die Form des Konjunktiv II regelmäßig mit den Umlauten „ä", „ö" oder „ü" bildet.
- ☐ Wenn es sich um das unregelmäßige Verb „sein" in der dritten Person Plural in der direkten Rede handelt, das die eindeutig erkennbare Konjunktiv I-Form „seien" besitzt.

Name: Datum:

★★ |

2. Bilde die Ersatzform mit „würde" in der dritten Person Plural Präsens zu folgenden Infinitiven. Dabei kannst du die Informationen aus dem Kasten (S. 74) zu Hilfe nehmen.
   a) lachen → die Jugendlichen würden lachen
   b) sagen → die Lehrer würden sagen
   c) passen → die Schuhe würden passen
   d) spielen → die Fußballer würden spielen
   e) rennen → die Schüler würden rennen
   f) schlafen → die Leute würden schlafen

★★ |

3. Ergänze bei den Sätzen die Ersatzformen mit „würde" zu den Infinitiven in Klammern.
   a) Lea und Tim meinen, sie würden den Hausmeister fragen (fragen).
   b) Sie fragt, warum die Jungen es nicht versuchen würden (versuchen).
   c) Leon erzählt, dass ihn seine Schulden sehr belasten würden (belasten).
   d) Marc beschwert sich, dass ihn die anderen nie anrufen würden (anrufen).

★★★ |

4. Forme die folgenden Sätze aus der direkten Rede in die indirekte Rede um. Verwende dabei die Ersatzform mit „würde".

   Beispiel: Tom und Marc sagen: „Die anderen wohnen in der Altstadt."
   → Tom und Marc sagen, dass die anderen in der Altstadt wohnen würden.

   a) Paul betont: „Jan und Emre hören diese Musik gerne."
   Paul betont, dass Jan und Emre diese Musik gerne hören würden.

   b) Selina sagt: „Diese Chips schmecken gut."
   Selina sagt, dass diese Chips gut schmecken würden.

   c) Jochen weist darauf hin: „Die anderen nennen diesen Typ ‚Charlie'."
   Jochen weist darauf hin, dass die anderen diesen Typ „Charlie" nennen würden.

   d) Mia bemerkt: „Die beiden schlafen gerne aus."
   Mia bemerkt, dass die beiden gerne ausschlafen würden.

Name: Datum:

3 Indirekte Rede in der dritten Person Plural bei unregelmäßigen Verben mit einer Präteritumsform mit „a“

★ |
1. Lies dir zuerst den Informationstext im Kasten durch. Kreuze anschließend darunter die richtige Antwort an.

> Für die Wiedergabe der indirekten Rede in der dritten Person Plural Präsens bei unregelmäßigen Verben mit einer Präteritumsform mit „a“ musst du die Form des Konjunktiv II benutzen.
>
> Denn bei unregelmäßigen Verben in der dritten Person Plural mit einer Präteritumsform mit „a“ lässt sich die Form des Konjunktiv I nicht von der Präsensform unterscheiden, sodass du hier die Form des Konjunktiv II benutzen musst, um zu zeigen, dass die Aussage im Konjunktiv stehen soll.
>
> Die Konjunktiv II-Form bildest du, indem du bei dem Stamm der Präteritumsform den Vokal „a“ in den Umlaut „ä“ verwandelst und die entsprechende Personalendung anhängst.
> *Beispiel*: sie springen → sie sprangen → sie sprängen
>
> Eine Ausnahme von dieser Regel stellen nur die vier unregelmäßigen Verben „nennen kennen, rennen, brennen“ dar, die die unregelmäßigen Konjunktiv II-Formen „nennten, kennten, rennten, brennten“ haben. Da diese Formen heute ungebräuchlich sind, sollte stattdessen die Ersatzform mit „würde“ benutzt werden.
> Außerdem ist bei dem Verb „sein“ die Konjunktiv I-Form „seien“ zu verwenden.

Welche Konjunktivform musst du für die Wiedergabe der indirekten Rede in der dritten Person Plural Präsens bei unregelmäßigen Verben verwenden, die den Vokal „a“ in der Präteritumsform haben, mit Ausnahme der Verben „kennen, nennen, rennen“ und „brennen“?

☐ Konjunktiv I ☒ Konjunktiv II ☐ Ersatzform mit „würde“

★★ |
2. Bilde die Präteritumsform und dann die Konjunktiv II-Form in der dritten Person Plural Präsens. Dabei kannst du die Informationen aus dem Kasten zu Hilfe nehmen.

Infinitiv	→ Präteritumsform	→ Konjunktiv II-Form
a) finden	→ sie beide *fanden*	→ sie beide *fänden*
b) sehen	→ sie beide *sahen*	→ sie beide *sähen*
c) liegen	→ sie beide *lagen*	→ sie beide *lägen*
d) kommen	→ sie beide *kamen*	→ sie beide *kämen*
e) haben	→ sie beide *hatten*	→ sie beide *hätten*
f) tun	→ sie beide *taten*	→ sie beide *täten*

Lösungen – Lerntheke 4

Name: Datum:

★★ |
3. Ergänze bei den Sätzen die Konjunktiv II-Formen zu den in Klammern stehenden Infinitiven.

a) Er sagt, die beiden *sähen* (sehen) Tim erst am Samstag wieder.
b) Sie äußert, die Leute *säßen* (sitzen) gerne in diesem Cafe.
c) Die Jungen teilen mit, dass sie den Bus *nähmen* (nehmen).
d) Hannes und Ben verabreden, sie *träfen* (treffen) sich vor dem Kino.
e) Laura denkt, die Hunde *sprängen* (springen) vor Freude in die Luft.
f) Die Darsteller verkünden, sie *bäten* (bitten) um Ruhe.
g) Die Männer antworten, sie *sprächen* (sprechen) kein Englisch.
h) Sie weist darauf hin, dass die ersten Versuche oft *misslängen* (misslingen).
i) Der Autor schreibt, dass viele Jugendliche eine Ausbildung *begännen* (beginnen), diese aber nicht zu Ende *brächten* (bringen).
j) Die Mädchen versprechen, dass sie daran *dächten* (denken) und auch Getränke nicht *vergäßen* (vergessen).

★★★ |
4. Forme die folgenden Sätze aus der direkten Rede in die indirekte Rede um. Verwende dabei die richtige Konjunktiv II-Form.

Beispiel: Melissa und Lara stellen fest: „Die zwei Männer singen wunderschön.“
→ Melissa und Lara stellen fest, dass die zwei Männer wunderschön sängen.

a) Jonathan meint: „Die Lehrer finden das klasse.“
Jonathan meint, dass die Lehrer das klasse fänden.

b) Tamara sagt: „Die Jungen denken bestimmt nicht daran.“
Tamara sagt, dass die Jungen bestimmt nicht daran dächten.

c) Milan bemerkt: „Die Aufnahmen klingen super.“
Milan bemerkt, dass die Aufnahmen super klängen.

d) Caroline behauptet: „Die anderen sitzen schon am Tisch.“
Caroline behauptet, dass die anderen schon am Tisch säßen.

e) Der Dichter schreibt: „Die Vögel singen wunderbar.“
Der Dichter schreibt, dass die Vögel wunderbar sängen.

Lösungen – Lerntheke 4

Name: Datum:

4 Indirekte Rede in der dritten Person Plural bei unregelmäßigen Verben mit einer Präteritumsform mit „o“

★|

1. Lies dir zuerst den Informationstext im Kasten durch. Kreuze anschließend darunter die richtige Antwort an.

> Für die Wiedergabe der indirekten Rede in der dritten Person Plural Präsens bei unregelmäßigen Verben mit einer Präteritumsform mit „o“ musst du die Form des Konjunktiv II benutzen.
>
> Denn bei unregelmäßigen Verben in der dritten Person Plural mit einer Präteritumsform mit „o“ lässt sich die Form des Konjunktiv I nicht von der Präsensform unterscheiden, sodass du hier die Form des Konjunktiv II benutzen musst, um zu zeigen, dass die Aussage im Konjunktiv stehen soll.
>
> Die Konjunktiv II-Form bildest du, indem du bei dem Stamm der Präteritumsform den Vokal „o“ in den Umlaut „ö“ verwandelst und die entsprechende Personalendung anhängst.
> *Beispiel*: sie ziehen → sie zogen → sie zögen

Welche Konjunktivform musst du für die Wiedergabe der indirekten Rede in der dritten Person Plural Präsens bei unregelmäßigen Verben verwenden, die den Vokal „o“ in der Präteritumsform haben?

☐ Konjunktiv I ☒ Konjunktiv II ☐ Ersatzform mit „würde“

★★|

2. Bilde die Präteritumsform und dann die Konjunktiv II-Form in der dritten Person Plural Präsens. Dabei kannst du die Informationen aus dem Kasten zu Hilfe nehmen.

Infinitiv	→ Präteritumsform	→ Konjunktiv II-Form
a) fliegen	→ sie beide flogen	→ sie beide flögen
b) schließen	→ sie beide schlossen	→ sie beide schlössen
c) verlieren	→ sie beide verloren	→ sie beide verlören
d) biegen	→ sie beide bogen	→ sie beide bögen
e) fließen	→ sie beide flossen	→ sie beide flössen
f) genießen	→ sie beide genossen	→ sie beide genössen
g) bieten	→ sie beide boten	→ sie beide böten
h) riechen	→ sie beide rochen	→ sie beide röchen
i) können	→ sie beide konnten	→ sie beide könnten

Name: Datum:

★★|

3. Ergänze bei den Sätzen die Konjunktiv II-Formen zu den in Klammern stehenden Infinitiven.

a) Er weist darauf hin, die beiden lögen (lügen) gerne einmal.
b) Sie antwortet, die Geschäfte schlössen (schließen) morgen früher.
c) Julia und Leonie teilen mit, sie flögen (fliegen) in den Ferien nach Berlin.
d) Sie denkt, die Jugendlichen verlören (verlieren) schnell das Interesse daran.
e) Ulrike Muster kritisiert, die Leute genössen (genießen) oft das kleine Glück nicht.
f) Ulf Meier führt aus, Händler im Netz böten (bieten) oft schlechtere Waren an.
g) Büsra meint, Hunde frören (frieren) nicht so schnell wie Menschen.
h) Die Polizisten betonen, dass sie in diesem Fall nichts machen könnten (können).
i) Der Zoohändler erklärt, Mäuse wögen (wiegen) nicht viel.

★★★|

4. Forme die folgenden Sätze aus der direkten Rede in die indirekte Rede um. Verwende dabei die richtige Konjunktiv II-Form.

Beispiel: Melissa vermutet: „Die Jungen verlieren bestimmt bald die Geduld.“

→ Melissa vermutet, dass die Jungen bestimmt bald die Geduld verlören.

a) Fin behauptet: „Jäger erschießen oft frei herumlaufende Hunde im Wald.“
Fin behauptet, dass die Jäger oft frei herumlaufende Hunde im Wald erschössen.

b) Der Autor kritisiert: „Viele Jugendliche schließen leichtsinnig Verträge ab.“
Der Autor kritisiert, dass viele Jugendliche leichtsinnig Verträge abschlössen.

c) Jonas weist darauf hin: „Die Kinokarten können bereits ausverkauft sein.“
Jonas weist darauf hin, dass die Kinokarten bereits ausverkauft sein könnten.

d) Serkan denkt: „Nils und Tom schieben die Schuld gerne anderen in die Schuhe.“
Serkan denkt, dass Nils und Tom die Schuld gerne anderen in die Schule schöben.

★★★|

5. Lies dir zuerst die beiden in der direkten Rede stehenden Sätze durch. Kreuze anschließend an, bei welchem Satz du bei der Umformung in die indirekte Rede den Konjunktiv II verwenden musst. Schreibe den angekreuzten Satz in der indirekten Rede auf.

☒ Nele meint: „Die Karotten riechen verfault.“
☐ Nele meint: „Die Karotte riecht verfault.“

Nele meint, dass die Karotten verfault röchen.

Name: Datum:

5 Indirekte Rede in der dritten Person Plural bei unregelmäßigen Verben mit einer Präteritumsform mit „u“

★

1. Lies dir zuerst den Informationstext im Kasten durch. Kreuze anschließend darunter die richtige Antwort an.

> Für die Wiedergabe der indirekten Rede in der dritten Person Plural Präsens bei unregelmäßigen Verben mit einer Präteritumsform mit „u“ musst du die Form des Konjunktiv II benutzen.
> Denn bei unregelmäßigen Verben in der dritten Person Plural mit einer Präteritumsform mit „u“ lässt sich die Form des Konjunktiv I nicht von der Präsensform unterscheiden, sodass du hier die Form des Konjunktiv II benutzen musst, um zu zeigen, dass die Aussage im Konjunktiv stehen soll.
>
> Die Konjunktiv II-Form bildest du, indem du bei dem Stamm der Präteritumsform den Vokal „u“ in den Umlaut „ü“ verwandelst und die entsprechende Personalendung anhängst.
> *Beispiel*: sie schlagen → sie schlugen → sie schlügen

Welche Konjunktivform musst du für die Wiedergabe der indirekten Rede in der dritten Person Plural Präsens bei unregelmäßigen Verben verwenden, die den Vokal „u“ in der Präteritumsform haben?

☐ Konjunktiv I ☒ Konjunktiv II ☐ Ersatzform mit „würde“

★★

2. Bilde die Präteritumsform und dann die Konjunktiv II-Form in der dritten Person Plural Präsens. Dabei kannst du die Informationen aus dem Kasten zu Hilfe nehmen.

Infinitiv	→ Präteritumsform	→ Konjunktiv II-Form
a) fahren	→ sie beide fuhren	→ sie beide führen
b) wissen	→ sie beide wussten	→ sie beide wüssten
c) müssen	→ sie beide mussten	→ sie beide müssten
d) wachsen	→ sie beide wuchsen	→ sie beide wüchsen
e) dürfen	→ sie beide durften	→ sie beide dürften
f) graben	→ sie beide gruben	→ sie beide grüben
g) werden	→ sie beide wurden	→ sie beide würden
h) tragen	→ sie beide trugen	→ sie beide trügen
i) laden	→ sie beide luden	→ sie beide lüden
j) waschen	→ sie beide wuschen	→ sie beide wüschen

Lösungen – Lerntheke 4

Name: Datum:

★★

3. Ergänze bei den Sätzen die Konjunktiv II-Form zu den in Klammern stehenden Infinitiven.
   a) Die Mädchen sagen, sie trügen (tragen) gerne Röcke.
   b) Sie warnt, die Jugendlichen würden (werden) sonst nass.
   c) Die Gärtnerin gibt zu bedenken, diese Bäume wüchsen (wachsen) sehr hoch.
   d) Er wendet ein, Hunde müssten (müssen) bestimmt draußen bleiben.
   e) Lola sagt, sie und die anderen führen (fahren) bald los.
   f) Ben ist der Auffassung, die Leute dürften (dürfen) dies nicht machen.
   g) Julian meint, er und Marcel wüssten (wissen) nicht, wo Lea wohne.
   h) Der Autor behauptet, manche Menschen wüschen (waschen) sich zu selten.

★★★

4. Forme die folgenden Sätze aus der direkten Rede in die indirekte Rede um. Verwende dabei die richtige Konjunktiv II-Form.

   Beispiel: Caroline weist darauf hin: „Jonas und Felix müssen bald los.“
   → Caroline weist darauf hin, dass Jonas und Felix bald los müssten.

   a) Der Verfasser schreibt: „Immer mehr Menschen fahren Elektroautos.“
   Der Verfasser schreibt, dass immer mehr Menschen Elektroautos führen.
   b) Tom denkt: „Die Kuchenstücke dürfen nicht gegessen werden.“
   Tom denkt, dass die Kuchenstücke nicht gegessen werden dürften.
   c) Yanik meint: „Die beiden wissen sich sicher zu helfen.“
   Yanik meint, dass die beiden sich sicher zu helfen wüssten.
   d) Mia nimmt irrtümlich an: „Die Busse fahren nicht über den Hauptbahnhof.“
   Mia nimmt irrtümlich an, dass die Busse nicht über den Hauptbahnhof führen.

★★★

5. Lies dir zuerst die drei in der direkten Rede stehenden Sätze durch. Kreuze anschließend an, bei welchem Satz du bei der Umformung in die indirekte Rede den Konjunktiv II verwenden musst. Schreibe den angekreuzten Satz in der indirekten Rede auf.

   ☐ Der Verfasser schreibt: „Einbrecher suchen sich meistens vornehme Häuser aus.“
   ☒ Der Verfasser schreibt: „Einbrecher schlagen oft nachts zu.“
   ☐ Der Verfasser schreibt: „Ein Einbrecher durchsucht meistens alles nach Beute.“

   Der Verfasser schreibt, dass Einbrecher oft nachts zuschlügen.

Lösungen – Lerntheke 4

Name: Datum:

6 Abschlusstest

Konjunktiv in der indirekten Rede: Was hast du dazugelernt?

1. Kreuze an, wann du welche Konjunktiv-Form in der indirekten Rede verwenden musst.

a) Das regelmäßige oder unregelmäßige Verb steht in der direkten Rede in der dritten Person Singular Präsens.

☒ Konjunktiv I ☐ Konjunktiv II ☐ Ersatzform mit „würde"

b) Das regelmäßige Verb steht in der direkten Rede in der dritten Person Plural Präsens.

☐ Konjunktiv I ☐ Konjunktiv II ☒ Ersatzform mit „würde"

c) Das unregelmäßige Verb steht in der direkten Rede in der dritten Person Plural Präsens, es hat eine Präteritumsform mit „a", „o" oder „u" und stellt keine Ausnahmeform dar.

☐ Konjunktiv I ☒ Konjunktiv II ☐ Ersatzform mit „würde"

d) Es handelt sich um das unregelmäßige Verb „sein" in der dritten Person Plural Präsens in der direkten Rede, also die Form „sie sind".

☒ Konjunktiv I ☐ Konjunktiv II ☐ Ersatzform mit „würde"

2. Ergänze die Konjunktiv I-Form.

a) suchen = er/sie/es *suche* b) gehen = er/sie/es *gehe*

3. Ergänze die Ersatzform mit „würde".

a) sagen = sie beide *würden sagen* b) glauben = sie beide *würden glauben*

4. Ergänze die Konjunktiv II-Form bei diesen Verben mit „a" im Präteritum.

a) finden = sie beide *fänden* c) sitzen = sie beide *säßen*

b) denken = sie beide *dächten* d) sprechen = sie beide *sprächen*

5. Ergänze die Konjunktiv II-Form bei diesen Verben mit „o" im Präteritum.

a) ziehen = sie beide *zögen* c) riechen = sie beide *röchen*

b) frieren = sie beide *frören* d) können = sie beide *könnten*

6. Ergänze die Konjunktiv II-Form bei diesen Verben mit „u" im Präteritum.

a) wissen = sie beide *wüssten* c) fahren = sie beide *führen*

b) wachsen = sie beide *wüchsen* d) dürfen = sie beide *dürften*